# 王若飞

中华先烈人物故事汇

主编 张树军
副主编 王相坤
编著 黄萍

学习出版社

# 目 录

Contents

# 引 子

王若飞，久经考验的无产阶级革命家，杰出的政治活动家，忠诚的共产主义战士，著名的“四八”烈士。

1896 年 10 月 11 日，王若飞出生于贵州省安顺县（今安顺市西秀区）县城北街的一个大户人家，幼名运生，字继仁。7 岁进入贵阳市达德学校读书。1911 年毕业后，做过书店的店员，矿务局的文书、会计和小学教员。

在进步思想熏陶下，王若飞奋勇投入辛亥革命和反对袁世凯复辟帝制的斗争。1918 年考取公费生赴日本留学，就读于东京明治大学，开始接触马克思主义。1919 年五四运动期间，他因不满日本军国主义政府的反华活动，愤然回国，在上海积极参加反帝爱国宣传。

1919 年年底，王若飞赴法国勤工俭学。1921 年年底，他和赵世炎、陈延年等发起组织旅欧中国少年共产党，后被选为执行委员，担任华工运动组长和中央组织委员，参与编辑《少年》刊物。同年秋，由胡志明介绍，加入法国共产党。同年冬，参与组织中共旅欧总支部。1923 年 3 月，被派往苏联，在莫斯科东方劳动者共产主义大学学习，4 月正式转为中国共产党党员并任东方大学中共支部负责人。

1925 年 4 月，王若飞回国，先后担任中共北方区委巡视员和中共豫陕区委书记等职。1926 年，王若飞任中共中央秘书长，参与领导上海工人第一、第三次武装起义。1927 年 4 月，出席中共五大。同年夏，主持江苏省委工作，开展武装斗争和土地革命。

1928 年 6 月，王若飞赴莫斯科出席中共六大，随后作为中共代表团成员出席共产国际六大，受党委派担任驻共产国际代表和农民国际代表，并在列宁学院学习。

1931 年 9 月，王若飞回国，任中共西北特委特派员，11 月因叛徒出卖被捕，监禁 5 年零 7 个月，坚贞不屈，大义凛然。

1937年5月，王若飞经党营救出狱。8月奔赴延安，先后担任中共中央秘书长、中央军委秘书长、八路军副总参谋长、中央军委总政治部秘书长等职务。在中共七大上当选为中央委员。此间，王若飞参与敌后抗日游击战争的领导工作，协助林伯渠主持陕甘宁边区政府工作，为抗日民族统一战线建设作出重要贡献。

1944年5月，王若飞先后赴西安、重庆，参加国共谈判。后主持中共南方局全面工作，推动大后方民主运动。

1945年8月，毛泽东、周恩来、王若飞参加重庆国共谈判。在两种命运、两种前途决战的关键时刻，王若飞呕心沥血，全力以赴。1945年10月，周恩来、王若飞作为中共代表在双十协定上签字。1946年1月，王若飞参加签订国共停战协定，并和周恩来等出席政治协商会议。此间，他多次往返于重庆和延安之间，及时向党中央汇报工作，提出许多建设性意见。

1946年4月8日，王若飞在乘飞机返回延安途中，因飞机失事在山西兴县黑茶山遇难，终年50岁。

毛泽东为“四八”烈士题词：“为人民而死，虽死犹荣。”周恩来在《四八烈士永垂不朽》这篇悼念文章中写道:“若飞!你最后一席话,是为中国人民及其代表所受到的统治者的压迫鸣不平的。我记住,我永远记住。”

忠魂直上重霄九,英烈永垂天地间!

“为了保存一个人的生命,而背叛了千万人的解放事业,遭到千万人的唾弃,那活着还有什么意思?”革命先烈王若飞曾这样说道。

“一切要为人民打算”,是王若飞牺牲前和同志们道别时的最后一句话,也是王若飞同志一生革命实践的总结,也成为他对党、对人民的最后遗言。

王若飞同志 20 多年的光辉革命生涯,同中国共产党的建立、发展、壮大,同中国新民主主义革命胜利的历史紧密地联系在一起,他为中国人民的解放事业和新中国的诞生建立了不朽功勋。他追求真理、坚定信念、英勇奋斗、为民谋利的一生,充分体现出一个共产党人为革命事业生命不息、战斗不止的奉献精神。

70 多年过去了,这片热土依然铭记着他“一切要为人民打算”的铮铮誓言。在他的故乡贵州安顺，以“若飞”命名的城市道路、公园、广场不胜枚举；在王若飞故居陈列馆里，在王若飞烈士安葬的烈士陵园，瞻仰者纷至沓来，王若飞的名字总是被提起……

“参天之木，必有其根；怀山之水，必有其源。”让我们透过《王若飞》这本小册子，领悟王若飞“一切要为人民打算”的时代价值，自觉把“一切要为人民打算”作为促进新时代坚持和发展中国特色社会主义的重要精神动力，坚定自己不忘初心的共产主义信念。

一切向前走，都不能忘记走过的路。中国共产党即将迎来百年华诞。近百年来，我们党团结带领人民取得了举世瞩目的伟大成就，这值得我们骄傲和自豪。同时，我们面临的任务依然艰巨而复杂、肩负的历史使命光荣而艰巨。但无论面临什么样的风险挑战，我们“为中国人民谋幸福，为中华民族谋复兴”的初心永远不能改变，追求梦想的步伐永远不会停歇。

“万里赴戎机，关山度若飞。”在新的历史时期，王若飞的业绩和精神永远同我们在一起。

01

# 少年壮志，热血报国赤子心

## 苦难童年

在祖国西南部的贵州省，离省会贵阳约 100 公里的地方，坐落着一座风光秀美的古城——安顺，它是贵州有名的商业城市，也是滇黔公路上的重镇。1896 年 10 月 11 日，王若飞出生在这座城里的一个大户人家。

进入群山环抱的安顺，沿着绿树葱郁的北街，就可以寻到王若飞的故居。这是一栋深宅大院，跨进沿街门楼，穿过通道，绕过影壁，才能看到正屋，方可登堂入室。王若飞出生之时，老天风调雨顺，正是丰收年景，王家囤满仓盈，一片喜气。白发苍苍的老太爷捋着长须，满面笑容地端详着这个新生的曾孙，为他起了个“运生”的名字，意思是说这孩子给王家带来了好运，期望他“好运一生”，大吉大利。在曾祖父的宠爱呵护下，幼年的小运生无忧无虑，活泼天真，享受了几年锦衣玉食的好日子，不曾看到丝毫祖荫下的阴影。

运生 5 岁那年，年逾古稀的曾祖父与世长辞了。运生的命运随之发生了天壤之别的改变，跌入了苦难的深渊。当时，运生的祖母已去世，掌管家庭大权的是运生的庶祖母。因惧怕运生的父亲跟她的亲生儿子争夺家产，庶祖母以种种借口把他逐出家门。从此，运生的父亲流落在外，自身难保，根本无力顾及家里的妻小，运生的母亲则像佣人一样去磨房推磨，到厨房做饭，终日无闲，辛苦劳累。童年的运生和妹妹,也不再是什么“少爷”“小姐”，变成了长辈们施展淫威的对象，稍不如意就是一顿拳打脚踢。一次，三叔让运生给他端饭，洒了点儿汤就要罚跪，运生坚决不跪，被三叔一个大耳光打倒在地，从此落下了耳鸣的毛病。又一次，庶祖母让运生提水，他人小力微，提着水桶摇摇晃晃，过门槛时一跤摔倒，桶翻水洒。庶祖母拿起竹板一顿毒打，把运生打得头破血流。妹妹哭着去拉哥哥，也被庶祖母毒打一顿。兄妹二人忍着疼痛，跑出大门，一夜没有回家，在冷月寒风中熬过了一个难忘的夜晚。非人的虐待，悲惨的遭遇，在运生幼小的心灵里埋下了仇恨的种子：他恨这个家庭，恨这个社会，恨这个世界上人与人之间的不公平！

一天，运生在大院碰上几个到他家来交租谷的佃户，几个人汗流浃背，叫苦连天。看着衣衫褴褛、骨瘦如柴的佃户，运生愤愤不平、十分同情，跑过去对他们说："你们这些谷子不用交了，拿回去留给自家吃吧。如果有人问起来，就说我收了。"说完，运生领着他们从后门悄悄走了出去。庶祖母发现此事后，揪住运生母亲的头发大打出手，破口大骂她"养了个吃里爬外、猪狗不如的败家子"，又叫人把运生吊在树上用棍棒毒打，打得他皮开肉绽、鲜血淋漓。倔强的运生，小小年纪，面对叱骂毒打，咬紧牙关，一不认错，二不求饶，他认为做对了的事情就必须坚持，我行我素，绝不后退。这种“亦余心之所善兮，虽九死其犹未悔”的品质，贯穿了他的一生。

这次遭遇不久，在外教书的二舅父黄齐生把遍体鳞伤、可怜巴巴的外甥接到贵阳抚养。跳出苦海的小运生，那时只有庆幸，他怎么也不会想到，他和二舅父的此世今生，竟然联系得如此紧密。无数次交集之后，舅父和外甥两代人生命的星辰，会在同年同月同日、在同一地点陨落……

## 启蒙教育

运生来贵阳后，进入贵阳市达德学校小学预备班学习，并随舅父黄齐生住宿于校内。由于他的身心健康曾经受到严重的摧残和伤害，刚入学时，满头癞疮，目光呆滞，反应迟钝，木讷寡言。在舅父无微不至的关怀和耐心细微的教育下，运生逐渐恢复了正常状态，启动了天资，开发了智慧，几年间由跟不上班到接连跳级，以品学兼优的成绩提前毕业。

贵阳市达德学校是运生的大舅父黄干夫创办、二舅父黄齐生协办的学校。两位舅父不满清朝的封建专制和黑暗统治，在废科举、兴新学的进步思潮影响下，秉持一腔正气，办起这所学校。达德学校注重数学、物理等课程的讲授，提倡用科学知识打破封建迷信，“无神论”的科学思想熏陶了运生。为打破封建势力对妇女的禁忌和束缚，学校兴办女学，招收女生开班上课，大力提倡“天足运动”，宣传妇女解放。运生积极投入宣传活动，和几个同学一起，编写和刻印了《戒缠足歌》的传单，抨击妇女缠足的陋习，在校内外广泛散发，壮大了运动声势，鼓舞了进步力量。学校还经常进行生动活泼的爱国主义传统教育，用历代忠烈的英雄事迹启迪学生。

达德学校最大的特色就是宣传资产阶级民主革命思想，特别是康有为、梁启超等变法维新失败后，黄干夫、黄齐生从追求改良主义逐步向资产阶级革命派转变。他们和其他进步教师一起，在学校大力宣传民主、自由、平等、人权等理念，揭露清朝腐败黑暗的君主专制罪恶。受其思想影响，运生和一些进步学生大大开阔了眼界，丰富了思想，在心里打下了深深的烙印。

舅父家里珍藏的大量进步书籍和古典名著，成为运生增长各类知识和积蓄精神力量的宝库。书籍是理想的源泉，书籍是进步的阶梯，他日夜攻读，手不释卷，同时认真思考，务求理解，把读书心得仔细记在日记本上，有的长达千言。他爱读陈天华的《猛回头》和《警世钟》、邹容的《革命军》，也特别喜欢岳飞的《满江红》、文天祥的《正气歌》，从这些传世之作里汲取的丰富营养，帮助他茁壮成长。

运生读到高小五年级时，因为成绩优秀，被教师指定为“学长”，担负起对初小低年级的辅导工作。他积极主动，认真负责，经常把一些进步书刊上的好文章给小同学们阅读，并就部分章节进行讲解，深入浅出，颇受好评。有一天，校园里突然贴出一张“禁书布告”，引起同学们的关注和议论。运生上前一看，布告上所列禁书，都是舅父和进步教师向他们推荐的书刊。运生当即拿来毛笔，在布

告上打了一个大叉，他高声向围观的同学们说：“当学生就要看书，读书就得各类的书都读，我认为这类书读得越多越好！”

运生是这样说的，也是这样做的。当他在读到北朝乐府民歌《木兰辞》时，反复吟诵，赞叹不已。花木兰这个家喻户晓的巾帼英雄，从当户织布的农家姑娘，到代父从军的沙场壮士，十年身经百战，卫国功勋卓著。“万里赴戎机，关山度若飞。”两句一联的五言诗作，将女扮男装的花木兰跃马扬鞭急奔战场的形象塑造得精妙绝伦、栩栩如生。运生脑洞大开，热血沸腾，在征得母亲和舅父同意后，他把名字改为“若飞”，以此表达和彰显他热血报国的赤子之心、攻坚克难的战斗意志。

从前的王运生，如今的王若飞，长大了！

## 革命洗礼

1911 年 10 月 10 日，武昌起义爆发，辛亥革命的浪潮迅速推向全国，各地纷纷起兵响应，宣告独立。贵州省军政府也应运而生。王若飞的大舅父黄干夫担任实业部长，二舅父黄齐生做了对外联络的代表。王若飞在街头校内搞讲演，办墙报，宣传革命，鼓舞民气。为维护社会治安，省军政府成立了贵州辛亥革命临时学生保卫队，王若飞与二十几位同学组成一个小队，代表达德学校参加这个保卫队，负责稽查贵阳大南门的城防。王若飞第一次背起钢枪，英姿飒爽地和同学们昼夜巡查，百倍警惕地保卫着革命成果。

1912 年 1 月，贵州的封建势力进行反扑，进兵占领贵阳，闪耀未久的一线光明很快暗淡了。王若飞怀着郁郁不乐的心情被迫离开学校，到老师蔡衡武开办的书店里做店员。王若飞在这里工作了两年，他利用业余时间，阅读了大量新书和报刊，经常把书店的进步书刊向达德学校的师生推荐介绍，进行新思想文化的传播。他阅读时很细心，还做了很多摘抄和笔记，有时练习写作，经常到晚上 12 点以后才睡觉。这段时间他不但在思想上、学识上有很大的长进，写作能力也大有提高。

1914年，18岁的王若飞随大舅父黄干夫到铜仁矿务局工作，担任文书兼会计。在这里，他初步接触了矿工“埋了没有死”的悲惨命运和苦难生活，了解到他们反抗斗争的情况。

1915年12月，窃国大盗袁世凯公开复辟帝制，登上皇帝宝座。不久，蔡锷首先宣布云南独立，起兵反袁讨袁。黄齐生以贵州达德学校的名义通电响应，王若飞参加了电文起草工作。接着，黄齐生成为贵州省政府对外联络的代表，王若飞以黄齐生秘书的身份，随舅父在上海、江苏、山东、河南、山西等地联络革命势力，进行宣传活动，反对帝制，倡导共和。

历史的潮流是不可抗拒的，袁世凯仅仅做了83天皇帝，就在全国人民的唾骂声中死去。袁世凯死后，王若飞随黄齐生等溯江西上，经重庆、转成都到峨眉山区。在这里王若飞与当地一个农民反清组织进行联系，参加当地的反袁、反清活动。几年里，王若飞走遍了大江南北，辗转数千里，经历了惊心动魄的斗争，使他扩大了眼界，增长了才干，也增强了他立志救国的决心。

袁世凯倒台了，代之而起的北洋军阀仍然换汤不换药。王若飞感到痛苦、愤怒、郁闷、迷茫。中国的前途向何处去？人民的命运如何主宰？他忧心如焚，百思莫解。他迫切地需要一个真理、一个信仰，为他答疑解惑、指明方向。

“路漫漫其修远兮，吾将上下而求索。”

02

# 留学日欧，追索真理得信仰

## 东渡日本

19 世纪末 20 世纪初，中国的先进分子为了探求救国救民的真理，曾一度兴起“学习西方”的热潮，只要是宣介西方的新道理，什么书都看。向日本、英国、美国、法国、德国派遣留学生之多，达到了惊人的程度。由于中国各地发展的不平衡，最早派出留学的是沿海一些政治、经济、文化发达的省份。贵州相对闭塞，直到 1917 年春才第一次派遣留日学生。1917 年年底，王若飞考取官费留学日本，舅父黄齐生因受贵州当局排挤，决定和王若飞等一起东渡日本。

残冬腊月的漫天风雪中，一行人匆匆离家，踏上旅程。途经上海时，黄齐生拜访了孙中山，他们彻夜长谈，共同探讨共和革命失败的教训。黄齐生把这次谈话的内容告诉了王若飞和一起赴日留学的学生，孙中山的“每次失败之后，办法正多”这句话，给年轻人留下了极为深刻的印象。“失败是成功之母。”屡败屡战，越挫越勇，中华民族终将复兴，骄傲地自立于世界民族之林！

1918年年初，王若飞等到达日本东京。为了领取官费，王若飞挂名为明治大学学生，这所学校无教师给中国学生授课，实际上完全依靠自学，看什么书，研究何种问题，学校无人过问。王若飞十分崇拜李大钊、陈独秀、鲁迅等新文化运动的先驱，阅读了大量的政治论文和文学作品。当时，俄国十月革命的影响已传入日本，王若飞广泛搜集阅读各种介绍社会主义的书刊，如饥似渴，认真钻研。他说：“这些书刊和文章，就像一把钥匙，打开了我的思想之门，使我豁然开朗，从此开始追求一条能使中国人民摆脱帝国主义与封建主义压迫而获得解放的道路。”是的，坚冰已经打破，航线已经开通，道路已经指明。王若飞，你大胆地往前走，曙光就在前头！

1919年1月，由英、法、美等国操纵的巴黎和会，拒绝中国代表提出的合理要求，竟在对德和约上，规定把原来德国在山东的一切特权全部让予日本。丧权辱国的和约，成为引发五四运动的导火索，全国迅速形成反帝爱国斗争高潮。消息传到日本，王若飞立即响应，他在留学生组织的各种集会上发表演讲，和大家一起在东京示威游行，愤怒声讨帝国主义和北洋军阀的罪恶。目睹日本人扬扬得意弹冠相庆的种种丑态，王若飞愤然决定弃学回国，回到上海投身于反帝反封建的宣传活动。

## 勤工俭学

王若飞在日本留学尽管时间短暂，学的知识不多，但探求解救中国民众苦难理论的求知欲望并未消减。此时，中国出现了赴法勤工俭学热潮。第一次世界大战期间，法国因缺乏劳动力，在中国招募了大批华工，这些赴法的青年边做工边读书，被称为“勤工俭学”。由于法国是巴黎公社的故乡，接近马克思的故乡德国，距离十月革命的发源地俄国也不远，因此，大批先进的中国知识分子先后赴法，1920 年前后，在法勤工俭学的人员已达 1500 余人，蔡和森、赵世炎、周恩来、徐特立、陈毅、朱德、邓小平、李富春、向警予、蔡畅等都曾在法国边做工边读书。

在这种情形和氛围下，黄齐生认为:“山穷水尽走何方? 东洋游罢更西洋。百闻真不如一见，从此耳目大开张! ”1919 年 10月，王若飞和二舅父黄齐生偕同一批青年学生从上海出发，经历了 30 多天的旅途劳顿，行程 3 万里，远渡重洋到达法国马赛港，然后又从马赛辗转去了巴黎。

在巴黎，王若飞首先在枫丹白露公学补习了 3 个月的法文。他注意学习方言口语，每日早起晚睡，有一半时间用在背课文和单词上，他的法语水平有很大提高，能用法语会话和看法文书籍，校方给予很高的评价。王若飞在日记中写道："校长对于我们这种求学精神，很是敬重。"此后他到圣夏门的一家钢铁厂做工，同时抓紧时间自学。他给自己制订了严格的作息时间表，每天8小时做工，5小时读书，7小时睡眠。他认为劳动是"自己对人类应尽的一种义务"，"是愉快的事业"，现在的劳动虽然是"替别人做事，拿劳力卖钱"，但可以达到下列目的："一、养成劳动习惯；二、把性磨定，把身练劲；三、达求学之一种方法；四、实地考察法国劳动真相。"王若飞还十分重视社会调查，对法国的社会情况、工人运动等进行认真的调查研究。由于王若飞抱有这些明确的目的，因此他在做工时吃苦耐劳，艰苦磨砺，同时利用工余时间聚精会神地学习，刻苦读书，效率很高。他偏重钻研哲学和社会学，认为"欲救今日之中国，物质科学固不可缓，精神生活，尤当注重，而哲学和社会学，就是启迪心灵的，人民若没有正确的人生观以支配一切，就仿佛没有脑筋的人一样，那是完全无用的"。王若飞充分认识到了确立正确的世界观、人生观的重要性。

1920年上半年，中国赴法勤工俭学的许多人投身到工厂从事繁重的体力劳动，从而引起思想认识上的巨大变化，各种思想流派极为活跃，多样主义学说到处传播，存在着思想倾向多元化的状况。王若飞联系中国的实际写道：“从我们自己来说，我们应当寻找较好的行动方法。这些时候，当我们树立了信念和找到了一种方法的时候，我们就容易实现中国的改造了。”这时的王若飞并没有提出改造中国的“信念”和“方法”是什么，他正处在认真思考和努力寻找中。在法国的中国留学生中，有一批立志救国、探求解救灾难深重的中华民族的真理的人们，蔡和森、赵世炎、周恩来、王若飞就是这方面的代表人物。与毛泽东在湖南共同创建新民学会的蔡和森，在经过自己“对各种主义综合审缔”后，认定只有马克思主义揭示了社会发展规律，只有科学社会主义才能改造中国。王若飞慕名专程到蔡和森住处讨教，他们在一起讨论切磋，共同探索，取得了一致的意见，达成了共同的认识。

1920年7月，蔡和森组织召集散居法国各地的湖南新民学会会员聚会，研究改造中国与改造世界革命的目标和道路问题，广泛探讨人生观、宇宙观、个人理想以及人类未来等方面大家关心的问题，王若飞被特邀参加。会议决定改“工学励进会”为“工学世界社”，打破小圈子，广泛联络留法勤工俭学学生中的思想进步分子，以便扩大组织，团结更多的人。工学世界社成立以后，这个组织从原来 40 余人很快发展到 300 余人，成为赴法勤工俭学运动中的一个中坚团体和重要力量。但是，在如何改造中国问题上出现了明显的分歧，一种是无政府主义的，另一种是马克思主义的。无政府主义者认为无政府主义的理想与共产主义的最终目标是一致的，当时的中国从封建帝制到一个个军阀政府，都为人民所不齿，所以他们对无政府主义情有独钟。

1920 年 12 月，李富春、李维汉等召集工学世界社全体成员在蒙达尼举行讨论会，特约蔡和森、王若飞等参加。会上，蔡和森作了题为《怎样救中国》的长篇发言，阐述了马克思主义的基本原理，指出走十月革命道路，组织共产党，实行无产阶级专政，才是中国的唯一出路。王若飞赞同蔡和森的主张，他的意见是：要改变人剥削人、人压迫人的社会现状，最终实现共产主义，搞学问靠温和是行不通的，只有奋起革命，用暴力推翻帝国主义和官僚、军阀的统治。王若飞滔滔不绝地论述了为什么要这么做。尽管当时两种对立的主张未取得一致的认识，但蔡和森和王若飞的演说宣传了马克思主义，在群众中留下了深刻的印象。李富春的夫人、蔡和森的妹妹蔡畅在文章《永恒的记忆》中回忆了当时的情景："那坚实的道理，流水一般的口才，以及奕奕动人的风采，完全吸引了所有的听众。静穆的会场，不时为热烈的掌声所震动。"

此时的王若飞，正在完成着从一个爱国激进的民主主义者，向一个坚定彻底的马克思主义者转变的过程。

## 三大斗争

1921 年，留法勤工俭学学生掀起了 3 次大的斗争，这就是“二八”运动、拒款斗争和进占里昂中法大学的求学斗争。王若飞积极参加这3次斗争，并起了重要的组织领导作用。

从1920年下半年开始，欧洲资本主义世界开始呈现经济萧条的景象。1921年上半年出现危机，大批工厂倒闭、工人失业、生产停滞、物价昂贵。法国的危机更加严重，一片萧条，许多工厂大批解雇工人，华工首当其冲。被辞退者达90%，生活顿无着落，只能依靠华法教育会发给的每人每天几法郎生活费，维持着最低限度的生活，大家只得四处流浪，有的甚至病危，尸骨留在异国他乡。中国驻法公使馆和华法教育会的上层人士对此惨状置若罔闻，照样花天酒地，安闲享乐。面对如此境遇，王若飞十分愤慨，他积极活动，四处奔波，和蔡和森等一起商议后决定，一方面同中国驻法公使馆交涉，请求帮助解决做工的困难；另一方面电请国内政府，要求筹款资助。王若飞亲临中国驻法公使馆，向使馆人员提出了学生们的要求。这些要求均遭无理拒绝，同时使馆发出通告，要把在法国找不到工作无钱学习生活的中国留学生，一律遣送回国。

交涉不成，忍无可忍，争取生存，唯有斗争。

1921 年 2 月 28 日，王若飞与蔡和森、李维汉、向警予等一起，率领 500 多名留法勤工俭学学生组成的请愿队伍，包围中国驻法公使馆，与驻法公使陈箓展开了面对面的说理斗争。在争取“生存权、工作权、求学权”的口号下，驻法公使馆被迫答应延长 3 个月的维持费，应允继续为失工、失学的学生联系做工和入学。这就是被留法勤工俭学学生长久传颂的由王若飞、蔡和森发动并领导的“二八”运动。

1921 年 6 月，北洋军阀政府遣使与法国政府谈判，以出卖国家印花税、验契税和滇渝铁路建筑权等为担保条件，向法国政府借款 3 亿法郎，名为救灾，实为购买军火用以内战。这一丧权辱国的肮脏交易一经传出，立即受到在法勤工俭学学生、华工、爱国华侨及各方人士的群起反对。

6 月 14 日，王若飞等 23 名学生签名，印发传单，揭露大借款的真相，呼吁国内外同胞奋起拒款。6 月下旬，巴黎各华人团体代表纷纷召开会议商讨拒款对策。工学世界社也召开会员大会，王若飞参加会议并发言。6月30日，巴黎300多名华人召开了第一次拒款大会，周恩来、王若飞出席会议。他们强烈要求公使馆公开借款目的，表明态度，同时派出学生代表向法国政府提出抗议，阻止贷款，并动员华工支援学生的行动。7月中旬，传出中法借款由3亿法郎增加到5亿法郎并定于7月25日签字的消息，巴黎华人万分愤怒，于8月13日召开了第二次拒款大会。在周恩来、王若飞、蔡和森、赵世炎、李立三、陈毅等人的领导下，一场规模巨大的拒绝借款运动轰轰烈烈地在巴黎展开。义愤填膺的爱国同胞举行浩浩荡荡的游行示威活动，迫使北洋军阀政府不得不宣布取消借款，使拒款运动取得了最后的胜利。

王若飞在法国参加领导的另一次斗争，是进军占领里昂中法大学。当时，因“拒款斗争”和“进占里昂中法大学”紧紧连在一起，有人便把这两次斗争称为“小小的十月革命”。

以勤工俭学学生为主力军的拒款斗争的胜利，触怒了中法两国政府的官僚政客，引发了他们对留

法勤工俭学学生的报复和迫害。自9月15日起，对留法勤工俭学学生停发维持费，同时，里昂中法大学将已在法国的穷学生拒之门外，要从国内另招收一批官绅子弟入学读书。陷入绝境的留法勤工俭学学生，在蔡和森、周恩来、王若飞、赵世炎等的领导下，提出“誓死争回里大”的口号，由125名学生组成入校队，砸开里昂中法大学校门，强行占领了校舍。占校运动遭到法国警察的镇压，蔡和森、李立三、陈毅等被拘捕。负责领导校外斗争的王若飞四处奔走，组织营救，但终未成功。10月18日深夜，经过28天的囚禁，蔡和森、李立三、陈毅等104名学生被法国当局以“从事布尔什维克活动”和“过激党”的罪名，将他们武装押上轮船，强行遣送回国。在此之前，王若飞曾去探监，忍悲含泪与蔡和森等人话别，郑重地告诉战友们，你们走了，我们留下，生命不息，战斗不止。

在法国这一系列的社会活动和实际斗争中，王若飞锻炼了组织领导的才能，他深刻地认识到，要奋斗实现理想，就必须建立一个严密的、战斗力强的共产主义组织。

# 光荣入党

进占里昂中法大学失败之后，王若飞没有任何灰心与动摇，为寻找工作他到过法国、比利时等国家的许多城市，经受过多次失业与饥饿，但他仍利用工余时间研读社会主义书籍，深入华工组织，详细了解民众疾苦，进行启发教育。他还积极参加法国工人组织的活动，靠近法国共产党，结识了法共重要领导人阮爱国（即胡志明）。

从 1921 年年底开始，赵世炎等人受中共中央委托，积极筹备建立旅欧青年团。赵世炎写信给王若飞，征求他对建团的意见，王若飞完全同意并积极响应，四处宣传建立革命组织的重要意义，耐心动员旅法进步青年参加组织。经过赵世炎、王若飞等人的广泛宣传和奔走联系，1922 年 6 月，在巴黎西郊，18 名来自法国、德国、比利时的中国留学青年中的优秀分子集合在一起，经过 3 天的会议，宣告“旅欧中国少年共产党”正式成立，赵世炎为书记，王若飞被选为中央执行委员，负责会刊《少年》的编辑出版，协助宣传委员周恩来工作。从此，风度儒雅、学识渊博的周恩来和热情淳朴、卓然不群的王若飞，成为志同道合、亲密无间的无产阶级革命战友，携手并肩在党的大旗下，为祖国和人民英勇奋斗，鞠躬尽瘁。

1922年秋天，经胡志明介绍，旅欧中国共产主义组织推荐，王若飞加入了法国共产党。根据共产国际当时的规定，凡是第三国际所属支部的党员，都可以成为他们所属国籍的党组织的正式党员。经王若飞等人的申请，中共中央批准同意王若飞、赵世炎转为中国共产党党员，并指示把“旅欧中国少年共产党”改名为“旅欧中国社会主义青年团”，周恩来为书记，王若飞为执行委员。在旅欧青年团内部，王若飞经常组织党员、团员学习马列著作，提高思想觉悟，全面认识和理解中国共产党的政策和主张。在外部，深入华工中间，培养积极分子，进行阶级教育，发展了一批党员，其中许多人成长为党的优秀干部。王若飞白天要到工厂做工，晚上还要坚持读书学习、开会研究工作、编辑刻印刊物和各类宣传品，常常深夜不眠，甚至通宵达旦，但是，他从来都很乐观，他爽朗豪放的笑声，感染了身边的所有同志。

为加速对革命干部的培养，迎接国内革命高潮的到来，根据中共中央的指示精神，周恩来负责从旅欧勤工俭学学生中选派优秀的中共党员到苏联深造，他想到的第一个合适人选就是王若飞。1923年3月，王若飞和舅父黄齐生、挚友周恩来依依惜别，与赵世炎、陈延年等一行12人，转道柏林到达苏联，在莫斯科东方劳动者共产主义大学深造学习。

东方大学是一所政治性的学校，名誉校长是斯大林，学习内容是马列主义理论，课堂上主要是讲授《共产党宣言》《国家与革命》《共产主义ABC》等经典著作。刘少奇、瞿秋白、任弼时、萧劲光等都在该校就读。

当时的苏联正处于困难时期，东方大学学习和生活条件十分艰苦。王若飞和同学们每人每天只能吃到几片黑面包和土豆，每顿饭分到一勺海草煮成的咸汤，穿的衣服和鞋子都是欧洲工人捐献的。王若飞笑对如此困境，认真学习俄语和课堂讲授的各门功课，仔细做好笔记。在讨论中，他和大家积极交流学习心得，注意领会马列主义的精神实质，悉心研究中国革命方方面面的问题。他力求把理论与实际结合起来，不尚空谈，学以致用。当时和他在一起学习的萧三回忆说："王若飞对共产主义事业坚定不移、对国家民族忠心不贰以及分析事理之细、记忆之清，对人热情、诚恳等优秀品质，使我终生难忘。"

经过两年的刻苦学习，王若飞的共产主义信仰更加坚定。站在莫斯科的红场上，王若飞的耳边响起《国际歌》雄壮的旋律，他遥望南天，憧憬未来，迫切希望早日回到处在水深火热中的祖国，干出一番天翻地覆的事业！

1925 年年初，由于国内革命形势发展的需要，王若飞奉命回国，完成了他在东方大学两年多的学习任务，也结束了出国 5 年多的留学生活。他在接到回国通知的那天晚上，思绪万千，在日本、法国、俄国的战斗生活像电影一样，一幕幕地展现在眼前，使他久久不能平静入睡。出国时，他想找到一个包治中国百孔千疮的灵丹妙药，而今真的找到了放之四海而皆准的马克思主义真理。从此海阔凭鱼跃，自信天高任鸟飞！

# 03 转战南北，唤起工农同心干

## 创建豫陕区

王若飞回国不久，上海爆发了一场规模空前的反帝运动——五卅运动。这场运动的导火索是日本纱厂工人大罢工，厂方资本家枪杀工人顾正红。这场运动波及全国，直接参加者达 1200 万人，罢工工人有 50 万人。王若飞全程高度关注这场震惊中外的运动，在《向导》杂志上发文评述。他热情歌颂上海工人阶级的英勇斗争，认为“这次罢工，工人所处的政治经济环境虽十分艰难，然而他们奋斗的勇气却非常之高，于此可见中国工人阶级在反帝国主义的民族革命斗争中确实是这个革命的先锋队”。在这里，王若飞运用马克思主义基本原理，从中国半殖民地半封建的国情出发，提出了在民族革命斗争中，中国共产党依靠什么力量，在斗争中谁来承担主力军和先锋队这样一个重大问题，正确地评价了工人阶级的历史使命和责任担当。

1925年5月，为发展国共合作统一战线，加强北方的军事运动，中共中央派遣王若飞为中央特派员到河南指导工作，负责军事统战工作。

此前，国民军第二军军长兼河南督军胡景翼已进驻河南。胡景翼是老同盟会会员，信仰三民主义，痛恨北洋军阀。他同情革命，且与李大钊相友善。胡景翼到河南后，政治比较开明，允许公众集会、结社，共产党可以公开活动。胡景翼先通过国民党元老于右任，后又派遣屈武到北京专程邀请李大钊到河南指导工作，并请求苏联驻中国使馆武官格克尔派教官训练国民军第二军官兵。李大钊接受胡景翼邀请前往开封，与胡就有关问题进行磋商。不久，中共即派人到河南，在经济、政治、文化、教育各条战线上加强了基层的领导工作：刘天章成立了学兵营，并担任营长；苏联运来了不少武器、装备。在李大钊的领导下，王若飞在开封帮助国民革命军第二军创办北方联合军校，在苏联顾问组的参与下，完善了该军的各级组织，提高了该军的军事素质和战斗力。他后来总结说："1924年到1925年年底，我们帮助国民党建军，开始认识了军队的重要性，但自己不搞，只帮着别人搞。"这个教训对我们党来说，是十分深刻和重大的。正在这个时候，胡景翼不幸于该年4月病逝。接任二军军长兼河南督军的是岳维峻，此人思想偏右，缺乏政治头脑，并不诚心欢迎中共对两所训练营进行的工作，不愿再继续执行中共从前与胡景翼协商好的全面计划，尽管做了不少工作，但无法改变这种情势。鉴于这种形势，根据李大钊的建议并经中共中央批准，决定建立以陆沉为书记的中共豫陕区党委，王若飞仍然担任中央特派员，指导豫陕区委工作。

在区委工作中，王若飞首先抓了工人运动。河南工人具有光荣的革命传统。王若飞全面总结二七大罢工的经验教训，很快恢复和发展了京汉铁路与豫丰纱厂的工会组织及活动，重新建立和健全了党支部，有组织、有计划地开展工人运动。在郑州工人运动的带动下，焦作煤矿工人于7月举行罢工，8月郑州豫丰纱厂工人罢工。9月，王若飞主持成立了河南省总工会，将河南工人运动推向新的高潮，“继续‘五卅运动’的民族独立精神、继续‘二七’工友们的壮烈勇气”等响亮口号，震撼着中州大地。

在工人运动的带领下，河南青年运动也高涨起来。7月间开封成立了共青团市委，代行豫陕区团委的工作。8月在开封成立了省学联。在团委和省学联的领导下，整顿了全省的学生组织，密切了学生会与全体师生的关系。暑假期间，区委举办政治理论讲学会，王若飞应邀作了《帝国主义与唯物史观》的专题讲座，受到青年和学生的热烈欢迎。在王若飞的领导下，青年中的进步社团和学生自办的报刊如雨后春笋般到处涌现。王若飞不仅注意指导这些进步社团的活动，还亲自撰稿供他们的报刊发表，经常举办政治理论讲习会和专题讲座，提高青年的觉悟，使河南学生运动沿着健康的道路向前发展。

王若飞还特别注意对河南农民运动的领导。这年10月，他根据李大钊要巩固后方必须发动农民组织农民协会的指示，专门召开会议研究讨论了河南农民农运工作。11月间，郑州郊区便成立了区农民协会，接着全省许多地方成立了农民协会和农民自卫军。到1926年，全省已有100多个农民协会，有10万人参加了农会组织，这些农民协会和农民自卫军在后来的反奉战争和北伐战争中发挥了重要作用。

1925年夏天，北方区党委派李培之等到河南开展工人运动与妇女运动。李培之到河南后，往来于郑州、开封间，进出于豫丰纱厂，发动工人和妇女参加革命斗争，并负责编写《工人周报》。在工作中，王若飞和李培之相识。王若飞对《工人周报》和工人运动、妇女运动工作给以热心指导，帮助李培之开展工作。在共同的工作中，他们彼此建立了感情，这对年轻人走到一起，并肩战斗，心心相印。这年金秋，他们在郑州成婚。婚后仅10多天，李培之即奉命赴苏联中山大学学习，这对革命伴侣再次团聚，已是3年后的事情。

1925年10月，中共中央在北京召开第二次扩大的执委会，明确当前的主要工作和任务，指出应该促进军阀内部的分化，团结和改造部分军阀走革命道路或偏向革命。王若飞参加了这次会议。会后，他根据中央指示精神，正确领导了河南的反对奉系军阀张作霖、直系军阀吴佩孚的斗争。

在反奉战争中，王若飞和豫陕区委的其他同志组织了多种多样的前敌慰问代表团、反奉战争宣传队、工人宣传队，在城市、农村、铁路沿线进行讲演，散发传单，演出文艺节目，进行宣传动员。为支援反奉战争，多年横遭天灾匪患的河南人民，常年供应国民革命军 20 万人的给养和军费开支，作出了巨大的牺牲和奉献！

在反奉战争节节胜利的大好形势下，由于国民军内部的争权夺利，又导致一败涂地。1926 年 1 月，国民军第二军史可轩退守河南。史可轩旅长主动找王若飞谈心，他敞开心扉深有感慨地说：“国民军救不了中国，国民党也不行，只有共产党是挽救中国的唯一政党！”史可轩当场要求加入共产党，王若飞对他的革命行动给予大力支持和热情鼓励，要他重整旗鼓，振作精神，为国民革命作出更大贡献。当年7月，王若飞在上海介绍史可轩加入了中国共产党。

1926年年初，国民军反奉战争开始失利，河南革命形势急转直下。王若飞对形势作了全面分析，十分周到和及时地布置了区委的应变工作。各地党团组织转入秘密状态。王若飞指挥安排豫陕区委把工作重点转移到农村中去，继续开展革命斗争。一年来，王若飞在河南出色地领导了党的工作，发动了工人运动，开展了青年、妇女工作，支持了国民军的整顿和建设，在中原大地上掀起了大革命的风暴，但由于我党对军队重要性认识不足，不注意建立自己的武装，“只帮助别人搞”，没有力量控制当时形势的逆转，党领导的河南人民革命斗争暂时出现了曲折。

## 中共中央秘书长

1926年2月中旬，王若飞遵照党的指示，离开河南到达北京，向北方区委和李大钊汇报了河南军事形势、豫陕区党委工作部署和撤退问题，随后参加了2月21日至24日召开的中央特别会议。3月上旬，王若飞到达上海，担任中共中央秘书长。作为中共中央的第一任秘书长，王若飞总揽各项具体工作，任务十分复杂繁重，工作十分紧张和繁忙。中央的一切决定，都要由秘书处形成正式文件，然后发各地方组织办理。因此，事无巨细，王若飞都需亲手经管，常常忙得彻夜不眠。据当时共青团代理书记萧三回忆："记得中央每次开会都是王若飞同志自己作记录。在不大的房间里，在淡淡的灯光下，他胖胖的手，圆圆的指头，写起字来是那样的迅速，每个人说的话他总是一字不落地记了下来。"王若飞就是这样勤奋认真地干好每一项本职工作。

在紧张繁忙的工作之余，王若飞还根据当时党的政治任务和斗争策略，及时撰写了大量政论文章。他正确评价了工人阶级在民主革命中的领导地位，指出中国革命的中心问题是农民问题。农民处于帝国主义、封建主义压迫的最底层，奋起反抗要求解放的愿望最强烈，必须发动农民，武装农民，这样才能取得革命的成功。他在《最近政治局面与本党各方面工作概况》一文中写道：“中国的革命，若没有农民起来参加，不会成功；中国工人阶级，若不与农民结成很好的同盟军，绝不能领导中国革命，且将因孤立而失败，所以发展农民运动，取得农民的支持和参与，是本党目前最重要的工作。”中国革命的胜利，完全证实了王若飞的科学预见。

上海是我国产业工人最集中的城市，是革命与反革命的必争之地。1926 年 10 月，为策应北伐大军，党领导了上海工人第一次武装起义，由于准备仓促加之同盟者资产阶级代表人物背信弃义，起义遭到镇压。王若飞积极参与了善后处理。1927 年 2 月，党又领导了上海工人第二次武装起义，但仍因对形势估计不足和缺乏领导经验，加上友军发生临时变故，导致起义失败，40 余人牺牲，300 多名工人被捕。

1927 年 3 月，北伐军逼近上海。中共中央决定举行上海工人第三次武装起义，并同上海区委

联合组成起义最高指挥机关特别委员会，由陈独秀、罗亦农、赵世炎、周恩来等任委员，周恩来任起义总指挥。王若飞具体参与领导上海南市区的武装起义。

起义前夕，王若飞和中共南市区委一起，认真总结前两次起义的经验教训，加强了起义工人的武装训练，进行了具体的思想动员和物资准备，制订了详细可行的行动计划。

1927年3月21日，上海全市80万工人举行总同盟罢工，随即转入武装起义。王若飞指挥南市区起义工人，兵分几路开始军事行动。他们先攻下警察局，缴获大量武器、装备，然后又占领了电话局、火车站等要地。下午4时，南市区的残敌全部肃清，战斗宣布胜利结束。在上海工人第三次武装起义的战斗中，南市区第一个树起了胜利的旗帜。

在中国共产党的领导下，上海工人阶级经过28个小时的浴血苦战，于22日下午全部解放上海。王若飞在胜利后的第二天，便负责起草了一个全面系统的组织武装起义的工作总结，并继续负责领导南市区的全面工作。周恩来对王若飞在上海工人3次武装起义中的表现作了高度评价，将他列入武装起义的重要领导人之一。

起义胜利后，在中国共产党的领导下，成立了上海特别市临时市政府，政府委员中半数是共产党员。上海工人扬眉吐气地走在大街上，成为上海的真正主人。上海工人的3次武装起义是北伐战争中工人运动发展到高峰的标志，充分展现了工人阶级的伟大力量。这3次起义也是中国工人阶级武装夺取政权的尝试。共产国际和各国工人阶级为此发出贺电，欢呼中国工人阶级的伟大胜利。

作为帝国主义和买办资产阶级的代理人，蒋介石一伙对上海工人阶级的胜利特别是对工人武装恨得要死，怕得要命。经过一段时间的密谋和准备，他们发动了四一二反革命政变，洗劫上海总工会，收缴工人纠察队的枪支，大肆屠杀共产党员和革命群众，轰轰烈烈的大革命遭到局部失败。蒋介石在血泊中建立了他的蒋家王朝。王若飞与罗亦农等同志，在组织上海工人进行英勇抗争之后，根据党的指示，秘密离开上海到达武汉，准备参加党的第五次代表大会。

1927 年 4 月 27 日至 5 月 9 日，党的五大在武汉召开。王若飞出席这次大会，以中央秘书长的身份担任大会秘书处主任，负责大会的总务工作。五大是在四一二反革命政变发生半个月这样一种非常状态下召开的，承担着如何从危机中挽救革命的重任。但是，大会没有能够为全党指明出路，提供坚强有力的领导。大会以后，革命形势继续恶化。王若飞陷入苦闷之中。

## 领导江苏的武装斗争

党的五大后，党派王若飞重返上海，担任新成立的江苏省委常委。在腥风血雨的白色恐怖中，王若飞毫无畏惧，指挥若定，坚持战斗。他机智地躲过敌人的多次追捕，顽强地开展工作，进行斗争。1927 年六七月间，两任省委书记陈延年、赵世炎相继被捕，王若飞在极为艰难险恶的情况下，全力组织营救活动。在决定武装劫夺法场的行动中，王若飞专门调查了刑场周围的地形和环境，收买了装运、掩埋尸体的人员，计划兵分两路，一部分负责劫人，一部分负责掩护。王若飞亲自带领营救人员在刑场周围坚持守候了几天几夜，但由于敌人改变计划，营救目的未能达到，赵世炎从上海转押南京惨遭杀害。

赵世炎牺牲后，王若飞担任江苏省委书记。此时，省委、上海总工会、各区机关先后遭到破坏，一些主要领导人相继被捕牺牲，党内有人动摇、有人落荒、有人叛变，上海处在严重的白色恐怖之中。在黑云压城鹰犬遍地的上海，王若飞坚持战斗在自己的岗位上，经受住了严峻的历史考验。时岳回忆当年的情况，在《呈献若飞之灵》一文中，无限深情地写道："若飞这时在上海是英勇屹立的一人。一连串的烈士，赤血迸飞地倒下，这时，中国东南一角的革命机关——江苏省委，不断地遭受破坏，才建立不久，便又垮台下去，若飞这时便是在这血腥的氛围中，艰苦战斗的省委常委中'硕果仅存'的一人！"

在这些日子里，王若飞沉浸在万分悲痛之中，精神上受到从未有过的打击。陈延年、赵世炎不但是党内卓有才华的领导人，而且都是王若飞的挚友。他们在法国一起参加发起组织中国少年共产党，一起加入法国共产党，又一道进入莫斯科东方大学。他们情同手足、义重如山。每每想起，王若飞热泪盈眶，但眼泪代替不了现实的阶级斗争，只有武装工农千百万，才能推翻反对派的统治，为赵世炎等千百万死难的烈士报仇雪恨。

1927 年 8 月 7 日，中共中央在汉口召开了紧急会议。这次会议总结大革命失败的经验教训，确立了土地革命和武装起义的方针。会后，中央派邓中夏任江苏省委书记，王若飞任省委常委、省农委书记。

为适应全国组织工农武装暴动的新形势，王若飞深入了解江苏各地的农民情况和减租斗争的开展，并在上海秘密举办农民干部讲习班，训练全省农运骨干，为发动江苏农民暴动做好组织准备和思想准备。从 1927 年 11 月 1 日起，江苏宜兴、无锡、江阴、海门、常熟等地的暴动先后打响，此起彼伏。无锡暴动中，两万农民在共产党员的率领下臂缠红带或脖戴红巾，高举火把，手持锄头、铁棍、大刀、鸟枪，兵分五路，高喊着革命口号，击垮了敌人的顽抗，捣毁了劣绅的豪宅，焚烧了地契，枪毙了恶霸，在江苏大地上第一次挂出苏维埃政府的招牌，升起了工农革命的红旗。为加强对暴动的领导并指挥下一步的行动，王若飞身穿长袍，头戴礼帽，化装成教书先生，从上海到无锡，根据具体形势，安排暴动队伍的转移和隐蔽。

由于敌我力量对比悬殊，各地暴动归于失败，但也沉重地打击了国民党的反动统治。

农民暴动使农村的土豪劣绅闻风丧胆，他们为了躲避暴动农民的打击，纷纷携带财物跑到上海。为了镇压其中的罪大恶极者，王若飞主持组织成立了“打狗队”。他们把上海工人 3 次武装起义后埋藏的枪支弹药挖出来，装备经过挑选的 20 余名工人纠察队队员。王若飞严格要求“打狗队”成员遵守纪律，服从指挥，未经组织批准的行动一律不准实行，严禁乱打滥杀。在王若飞的组织领导和严密计划下，“打狗队”在上海十里洋场机智灵活地顺利完成多次艰巨的除奸任务，声震上海，市民们不由得惊叹:“共产党真是神出鬼没啊！”

在这期间，黄齐生听说王若飞在上海，就与妹妹黄固贞一起到上海找他。王若飞听说舅舅和母亲到了上海，一开始出于保护党的机密，并没有前去相见。后来，舅甥二人在泥城桥畔巧遇，叙谈之后王若飞来到了母亲身边。“十年生死两茫茫，不思量，自难忘。”分别十年之后再次相见，母子二人恍若梦中，相对泫然。王若飞深知母亲需要他来抚养，而救国救民的责任又在心中不停地呼唤。忠孝不能两全，怎么办？怎么办？在离别前，王若飞不停地踱来踱去，许久未说一句话。母亲看着十分为难的儿子，毅然对他说:“我当然不能勉强你的所为，我深信你的一言一行会合乎真正为人处世的道理。孩子啊，你去吧，不要担心我！”贤良的女性，伟大的母亲！从此，王若飞便告别了妈妈，一心扑到革命事业上，把一切献给了党，献给了国家和人民。

# 重返莫斯科

1928年5月，中央决定派王若飞赴莫斯科参加党的第六次全国代表大会。6月中旬，王若飞经过两周左右的旅程到达莫斯科。此时，王若飞的夫人李培之从中山大学抽到大会当翻译，已先于王若飞几天到达这里。夫妻分别近3年了，突然相会，真是喜出望外。

6月14日和15日，中央召开政治谈话会，王若飞等21位同志参加了会议。会议就中国革命性质、任务、形势问题，党的工作路线问题，城市、农村工作及工人、农民运动问题交换了意见，对准备提交大会的政治报告进行了讨论。这个谈话会，实际上是大会召开前的一个小范围准备会议。

6月18日，大会正式开幕，7月11日闭幕。大会成立了10个专题委员会，王若飞被指定参加政治、组织、苏维埃运动、宣传、农民土地问题等

5 个委员会。他在大会发言中批评了陈独秀的右倾和瞿秋白的“左”倾错误，对自己担任中央秘书长期间的工作也作了自我批评，承担了自己应负的责任，表现出了一位共产党人的磊落胸怀和党性原则。在党的六大上，王若飞被选为出席共产国际六大的中国代表。六大结束后，王若飞被留了下来，参加 7 月 17 日召开的共产国际第六次代表大会。会后，王若飞担任中国农会驻农民国际的代表，并和瞿秋白、张国焘、邓中夏、余飞等人合组为中共驻共产国际代表团。

1928 年下半年，王若飞和妻子李培之一起进入列宁学院学习。列宁学院是共产国际直接领导的一所高级党校。王若飞按照学校教学大纲的要求，系统地学习了列宁主义、政治经济学、辩证唯物主义与历史唯物主义、联共（布）党史和国际共运史等课程，如饥似渴地阅读了大量的马列原著，写了大量读书笔记。他从自己多年国内斗争的经历中，深切地感到加强理论修养的重要性，经常结合这一时期发生的事情，向同学讲述自己理论学习的心得体会。他遵守校规，尊重师长，热心各种勤务，在学生中表现很突出，多次受到学校领导的表扬。

1929 年 7 月，共产国际执委召开第十次全体会议，王若飞出席会议并发言。他指出，中国的工人运动必须与“右的危险进行无情的斗争”，因为“这一右的危险的发展导致了 1926—1927 年期间在中国共产党内曾经发生过的机会主义。这一机会主义把中国共产党和中国工人运动拴在中国资产阶级的尾巴上，并妨碍了工人运动新高潮的到来”。这是王若飞理论水平提高后对 1927 年大革命失败和陈独秀右倾机会主义的沉痛反省和有力批判。

1931 年夏，根据中央的指示，王若飞离开苏联回国。

## 草原播火

1931 年九一八事变以前，日本帝国主义加紧实行其侵略中国的既定方针，在我国东北蓄意制造事端，寻找武装进攻中国的借口，公然叫嚣对中国采取“强硬政策”，声称要“根本解决满蒙”问题，并着手调兵遣将，蠢蠢欲动。

大革命失败后，我国西北地区（当时包括内蒙古、陕西、甘肃、宁夏、山西等地）的地方党组织遭到很大破坏。1929 年，党中央派云泽（即乌兰夫）从苏联回国，在内蒙古地区重新开展工作，他的主要任务是组织农民协会，培养蒙古族干部。因此，在 1931 年以前，整个西北地区仍然没有建立起统一的党组织。为加强党对西北地区革命的领导，适应即将到来的严重局面，中共中央决定派遣王若飞回国，建立西北地区统一的党组织，领导这里的斗争。

1931 年 7 月，中共驻莫斯科共产国际的代表正式通知王若飞回国，同时被派遣回国的还有莫斯科步兵学校中国队队长吉合和党支部书记潘恩普。经过短暂的准备，7 月底王若飞等人分头出发，8 月初 3 人到蒙古的乌兰巴托，集中学习和研究国内形势，明确了回国后的任务和工作方式，根据中央的指示，成立了中共西北特别委员会，由王若飞任书记。

9月初，王若飞一行进入我国内蒙古境内，他们沿途进行调查研究，访问农牧民，了解广大贫苦农牧民的生活状况。他们了解到，1927年大革命失败后，内蒙古地区的革命组织受到摧残，国民党反动派推行大汉族主义和民族压迫政策，制造蒙汉矛盾，使蒙汉两族人民的生活处境十分困难。王若飞目睹这一切，更加感到他们工作责任的重大。10月，王若飞到达包头，与乌兰夫再次相见。王若飞听取了乌兰夫对这个地区党的组织和工作的汇报，传达了党对内蒙古工作的指示。

王若飞根据内蒙古工作的实际需要，针对日本帝国主义策动德王所搞的民族分裂阴谋，与乌兰夫商议组织一个党的外围革命群众组织——“内蒙古平民革命党”，并起草了《内蒙古平民革命党宣言》。宣言着重宣传党的民族政策，号召蒙汉人民团结起来，反对外国侵略者策动的“自治运动”，动员蒙古族广大人民群众投入抗日斗争。王若飞对内蒙古地方部队老一团的工作十分重视和关怀。这支部队是民国初年以土默特旗人为主建立起来的地方武装。1925 年以后，许多共产党员先后来到这个部队，进行党的秘密工作。王若飞对老一团的工作深入了解之后，鼓励他们坚持斗争，争取较快地打开一个新的局面。

为进一步检查内蒙古地区党的工作情况，王若飞提出一个开辟内蒙古西部地区的工作计划。为深入指导这个地区的工作开展，王若飞不畏艰险，深入到包头西北部的五原。他请熟知这地区情况的三德胜做向导，住在五原一个基层群众黄根成的家里，对这里的工作亲自作实际调查，并给以具体指导。当他看到五原地区党的工作开展起来后，便返回了包头。

王若飞到内蒙古以后，就密切注视着陕北红军的活动，准备与他们取得联系。一天，《包头日报》上刊登红军活动的消息，报道红 24 军从山西出发沿途和阎锡山的部队作战，打到了陕北的府谷、神木一带。王若飞看到这条消息高兴极了，便立即去找吉合商量，决定派吉合到陕北寻找红军，附带了解一下西路潘恩普等在宁夏的工作情况，约定与他们在宁夏会合。

对于吉合去陕北找红军的活动，王若飞做了周详的考虑和安排。他让吉合化装成医生，并找来奇新民做吉合的助手，负责护送吉合走出大草原。临行前，王若飞特意买酒为吉合饯行。他知道吉合很爱喝酒，便反复叮嘱吉合出去以后不要多喝酒。他说："做地下工作，要对自己的酒量严格控制，以时刻保持清醒的头脑。每住到一地，要善于观察，要把周围的情况搞清楚，以防万一。遇事要机敏，又要镇静，要从容应对，善于对答。"最后他深沉地对吉合说："一旦出现意外，一定要沉着冷静，在敌人面前要想出尽量合乎情理的口供，而且始终不变。如果遇到叛徒，要一口咬定不认识，或设法使敌人对这个叛徒不信任。到了最严重关头，一定要牺牲自己，保存组织。"吉合边听边点头，把王若飞的话深深记在心里。

吉合在奇新民的护送下，离开了草原，经过许多曲折，最后找到了陕北谢子长、刘志丹率领的部队。吉合拿出西北特委介绍信，讲述了王若飞等在包头组织西北特委的情况和他到陕北的目的。当时正赶上谢、刘要整顿军队，听说吉合学过军事，刘

志丹便要求吉合留下来帮助他们整顿军队，任命他担任所属部队的军事科长，负责军事训练工作。吉合在刘志丹部队工作了 3 个月，学到了许多建立红军的经验，随后又去了宁夏。

10 月中旬，王若飞送走吉合，依照计划，他将动身前往宁夏。10 月 21 日，他让人买好马和一些路上需要的东西，并与乌兰夫商定第二天上午一起起程，但在当晚，他被捕了。

对于王若飞在内蒙古的这一段工作，乌兰夫曾给予高度评价。他说："若飞同志虽然在内蒙古工作的时间很短，但他对内蒙古民族工作的开展，对军队工作、武装斗争和群众运动的相结合，指出了方向，影响是深远的。他对于内蒙古地区党的工作作出了贡献。"王若飞给苦难的内蒙古人民重新带来了党的指示和希望，星星之火开始在无垠的大草原上点燃。

唤起工农同心干，星星之火终燎原！

# 04 坚贞不屈，生死荣辱若等闲

## 法庭当作战场

1931 年 10 月 21 日晚，寒风呼啸，夜色如磐。在包头泰安客栈的一间客房里，王若飞在灯光之下，伏在案头正聚精会神地起草工作计划，一群国民党宪兵和警察突然闯入，以查店为名，直奔王若飞的住室，进行全屋大搜查。王若飞临危不乱，急中生智，把党的机密文件迅速塞进嘴里，拼命嚼烂，并将一部分吞进肚里。敌人发现后，用力卡住他的脖子，扭住他拳打脚踢，从他的嘴里强抠出一团带血的纸浆，然后把他捆绑带走，关进警察局的暗室。“你们这些狗强盗，为什么深更半夜随便抓人！”一进暗室，王若飞就冲着窗口又骂又喊。看守警察走过来不耐烦地说：“你瞎嚷嚷什么，我们早就查清楚了，你是共产党，从外国回来，骑着骆驼，经过蒙古大草原，才到这儿来的！”王若飞听后心里一沉，暗想自己的身份已经暴露了，便决定以公开的共产党员身份，同敌人进行面对面的斗争。在此后的审讯中，王若飞公开承认自己是一名共产党员，此次奉中国工农苏维埃政府的命令，前来绥远组织蒙古族人民进行反对日本帝国主义的斗争，对敌人的其他讯问一律拒绝回答，守口如瓶。

王若飞的被捕，是由于叛徒潘恩普的出卖，但潘恩普只知道他的化名黄敬斋和国外归来的共产党员身份，其他情况并不知道。敌人对黄敬斋这样的“大共产党员”抱有很大幻想，企图通过他的口供，把绥远的共产党组织一网打尽，但在王若飞的强硬态度面前，又束手无策，一筹莫展，于是就以死相胁，打算让他屈服。

一天深夜，风高云重，一群全副武装的警察把王若飞押到包头北郊的荒野里，8 支长枪拉开枪栓，

齐刷刷地对准了他。一个阴冷的声音响起来："黄敬斋，这是最后的时刻了！再给你几分钟，好好考虑一下，还是招了吧！"王若飞冷冷回头，看着8个黑洞洞的枪口，镇静地说："招？这个字早就从我的字典里抠掉了。"他整理了一下衣领，昂首挺胸、斩钉截铁地说："用不着考虑了，开枪吧！"

10多分钟过去了，敌人没有开枪。王若飞明白，这是"假枪毙"的伎俩，他指着那帮警察哈哈大笑起来："你们以为，用这套把戏就能吓住我吗？一个真正的共产党员，岂能让死吓倒！往后，我倒是想看看，你们还能玩些什么鬼花招！"带队的特务眼见阴谋已被揭破，只好垂头丧气地把王若飞又带了回去。

过了两天，警察局长马秉仁亲自上阵，审讯"共党要犯"王若飞。马秉仁一上来就以权势和酷刑威胁王若飞，拿着腔调说："我可以让人死，也可以让人活。看你是个文文静静的读书人，还可以客气地谈谈，不动大刑，可如果你不识时务，把我惹火了，那就只好先礼后兵了。"开场白后，马秉仁开问："你叫什么名字？""黄敬斋！""你不是这个名字。”“你说我叫什么？”“你还有一个真名。”“既然知道我的真名，你又何必问我呢，真是多此一举！”

马秉仁愣怔一下，觉得这种审问不像样子，似乎发生了角色转换，自己成了被审人，于是转换话题：“我问你，你是干什么的？”

“我是共产党员。”

“你们的人都藏在哪里？”

“大青山下，蒙古草原，长城内外，遍地都是。”

“你把他们给我供出来！”

“做梦！”

这时，王若飞想利用这最后的时刻，给党和人民留下些文字材料，便趁机向敌人索取纸和笔。敌人以为他要写供状，就给他拿来了纸笔墨。王若飞心中涌起无限的革命激情，奋笔疾书，写下了自己对共产主义的信仰和为无产阶级革命事业奋斗的决心，阐述了中国共产党救国救民的革命真理；他把国共两党的言行作了分析比较，列出国民党蒋介石卖国残民的14条罪状。马秉仁发现王若飞写的不是供状而是宣传革命、揭露国民党罪行的文字时，气急败坏，暴跳如雷，大吼道：“你不招供，我就天天审你，还给你坐老虎凳！”王若飞怒视着马秉仁，铿锵有力地回应：“死我都不怕，还怕你的大刑？！”

马秉仁原想从王若飞身上打开缺口，破获包头地下党组织，抓住全部共产党员，以此向上司邀功请赏。经过几个回合的较量，敌人感到王若飞实在不好对付，从他嘴里挖不出什么东西，反而会扩大共产党的影响，于是就把他转送绥远省省会归绥（今呼和浩特市），交省政府处理。

1931年12月上旬，王若飞被关进归绥“第一模范监狱”。身居铁窗斗室，戴着脚镣手铐，王若飞唱起了熟悉的《国际歌》：“起来，饥寒交迫的奴隶；起来，全世界受苦的人……”他用中文唱，用法语唱，用俄语唱，反复歌唱，热血沸腾。激昂悲壮的旋律，深沉深厚的歌声，在暗无天日的监狱里回响飘荡，激励着身陷铁牢的全体革命者和共产党人。王若飞用歌声宣告：“这是最后的斗争，团结起来到明天，英特纳雄耐尔就一定要实现！”

在接下来的几次开庭审讯中，王若飞把敌人的法庭当作自己的讲坛，大义凛然、滔滔不绝地宣讲马克思主义、中国革命和中共的方针政策，对敌人的讯问冷嘲热讽，尖锐反击。他郑重宣告：“共产党是历史发展的必然产物，肩负着创造历史的光荣使命。一个人倒下，千万人奋起，直到最后推翻旧社会，建立新社会！”他还义正词严地反驳敌人对他“有罪”的指控：“我有什么罪？我犯的是反对你们祸国殃民的罪，是反对你们投敌卖国的罪，是反对你们专制独裁、剥削人民、压迫人民的罪。如果你们是英雄好汉，可以到大庭广众之中，让群众评一评理，是共产党犯罪，还是你们犯了十恶不赦的滔天大罪！”庭审变成了王若飞对敌人的审判，变成了他揭露敌人、打击敌人的战场。面对王若飞口若悬河的辩论，精辟尖锐的驳斥，数次开庭审讯不得不强行终止，十分狼狈地结束。此后，敌人不再敢对王若飞开庭审讯。

从被捕的那一天起，王若飞就做好了为革命事业牺牲的准备。他说：“一个共产党员被捕以后，只有抱着必死的决心，才能和敌人进行坚决的斗争。”他认为：“共产党员为党的利益牺牲一切，以至生命，就是最高贵的品质。”毫无疑问，王若飞的身上，具有这种最高贵的品质，诚如金石般的坚定。

王若飞的才华和胆识，受到时任绥远省政府主席傅作义的赏识。傅作义曾对人说：“军人上战场脸也得白一白，他在刑场上竟面色不变，态度自若，真了不起。”他叹息说：“人才都出在共产党内。”傅作义曾把王若飞请到他的客厅里，作了一次长谈，表示只要他答应出狱后在绥远做事，就可以无条件释放。王若飞拒绝了傅作义提出的条件，他要求傅作义按照共产党的救国主张，开放群众运动，反蒋抗日。他要求无条件释放，否则宁愿老死囚笼或死于断头台，也不愿出狱。傅作义对王若飞的态度绝望了，便将他交绥远高等法院。法院多次开庭，王若飞则借机大谈马克思主义，公开揭露反动政府无辜屠杀人民的罪行，法官张皇失措，以材料准备不足来掩饰审讯的失败。

在长期不再开庭审讯的境况下，黄齐生前来探监并设法营救，舅甥二人相见，“谋心析理，娓娓不休”，其情其景，让人动容。黄齐生对王若飞说：“我们10年不通音信，这些年来，你做了些什么事，我也不知道。我是疾恶如仇的，我们绝不能做任何损害人民的事。”王若飞回答说：“舅舅放心，我的行为洁白无瑕，我做的事业是正义的，他们逮捕我，是因为我同人民大众站在一起。”黄齐生去找傅作义，要求他释放王若飞。傅作义表示，只要王若飞答应留在绥远做事，就可以无条件释放。对此，王若飞说：“要我在他手下做事作为释放条件，这是不能答应的。”“傅作义想做的大事，是扩张个人势力，得到很高的权位。我们的大事，是争取劳动人民的解放和全人类的解放，我除了忠实于我的理想以外，一切都办不到。”黄齐生听了外甥铿锵有力的回答，非常钦佩外甥的一腔正气和视死如归的气概，也为外甥忠于信仰、坚贞不屈的精神所感动。他曾经在一首怀念王若飞的诗中写道：

忽传一电发归绥，图圄阿甥盼诀离。
三次往探磋无求，难为视死等于归。

绥远高等法院对王若飞案件迟迟不作判决。王若飞想到塞外天气寒冷，舅父不能久留，便催促舅父南归。临别时，黄齐生老泪纵横，王若飞撕下自己西服的衬肩，在白绸上写了一封给妻子的信，托舅父带给李培之。信中写道:“培之，忘掉我！不要为我的牺牲而伤痛。集中精力，进行战斗，继续完成党的事业！永远跟着党走，要坚持真理，经得起各种各样的考验。要用生命来维护党的团结，捍卫党的利益。培之，别了，我们在红旗下聚齐，又在红旗下分手，战士们虽然在红旗下倒下，但革命的红旗永远不倒，它随着战士的血迹飘扬四方！这，就是我们的胜利！请你伸出双手，来迎接我们的胜利吧！”

如此的浪漫，何等的豪情！“生命诚可贵，爱情价更高。若为自由故，二者皆可抛！”

## 在绥远监狱

塞外的严冬，异常寒冷，气温经常在零下 20 多摄氏度。牢房里没有任何取暖设施。王若飞晚上睡在冰冷的炕上，常常难耐酷寒，彻夜不眠。加之长期囚禁，不见阳光，他患上了关节炎，稍一活动，全身就像针扎一样疼痛。监狱里规定每天两餐，顿顿是掺满沙子、带有老鼠屎的小米饭，菜是指头大的一小块腌萝卜。

疾病、饥饿、严寒、阴暗，折磨着狱中的每个人，死神在每个角落里游荡。面对极端恶劣的环境和种种非人的摧残，王若飞以顽强的精神、钢铁的意志，积极创造生存条件，保护身体，维持健康。他自编了一套室内体操，在牢房里每天坚持不懈地操作练习。戴着 8 斤重的铁镣，他顽强地在室内伸腿、弯腰、曲臂、转体，直到满身大汗通体活络，哗哗啦啦的铁链声响，伴随着他“一、二、三、四、五、六、七、八”的呼号。王若飞还在每天清晨坚持用冷水擦身，增强抵御严寒的能力。他心中始终怀着一个坚定的信念：只要没有牺牲，就一定要坚持活下去，活到重见天日的那一天，重新飞渡关山，驰骋疆场！

作为共产党人，王若飞在狱中不光是做到活下去，他还担负起帮助难友的责任，提高他们的认识，壮大斗争的力量。他曾对全狱囚犯作了调查，了解到被囚的难友绝大部分是被压迫阶级，其中有的是交不起地租、粮款被捕的，有的是由于穷困铤而走险的，有的是因为反对苛捐杂税触犯官府的，有的是不堪恶霸凌辱自卫反抗的，等等。他们都是受害者，作为共产党人必须帮助他们，启发他们，提高他们的觉悟，启发他们的反抗精神。

经过不断地交涉和斗争，监狱当局终于松口，允许王若飞到院子里晒晒太阳。他就利用这个机会，借用《孟子》中“民为贵，社稷次之，君为轻”的说法，给难友们讲解人民群众在历史上的作用，进而谈论社会发展史，从劳动创造世界，讲到阶级出现和阶级斗争，最后讲到共产主义理想。他结合中国历史，讲得深入浅出，难友们都听得津津有味。接着，王若飞进一步宣传共产党的性质、政策和革命的目的，说明共产党闹革命绝不是为了个人，而是为谋求全体劳动人民的解放。他说：“在将来人民当家作主的社会，不管你学问多大，年龄多高，只能给社会多做有益的工作，绝不能骑在人民头上作威作福。如果有人胆敢那样做，他就马上会被人民所唾弃。”

针对狱中有的同志存在的消极等待思想，王若飞进行了耐心细致的说服教育。交谈中有人觉得狱中环境险恶艰难，只要能活着出去就行了，至于工作，那是出狱之后的事。王若飞认为，这是一种逃避现实的想法。他对同志们说：“如果一个人不背叛革命，他时时都有被捕的可能。要是一辈子被捕几次，每次都等着释放后再工作，那不就把时间都白白葬送了吗？”接着，他讲述了俄国和欧洲革命党人把监狱当作学校的故事，鼓励同志们要很好地利用时间，为革命多做一些事。王若飞说：“现在的社会好比人间的大监狱，而监狱呢，正好是这个社会的缩影，这更可以让我们通过监狱的黑暗，清楚地透视这个社会的面貌。共产党员是为摧毁黑暗社会而革命的，因此，我们处在这暗无天日的地狱里不能屈服，也不应消极。越是在最黑暗的地方，斗争越应该猛烈。一个革命者，要能通过坐牢这一关，将来到外边就更会工作了。”王若飞的教导，鼓舞了战友们的斗志。

王若飞在狱中开始是单独关押，后来，监狱当局为了对他进行监视，选派普通犯人到他的囚室，并叮嘱发现问题要及时报告。不管派什么类型的犯人住进去，王若飞都以平易近人的亲切态度，想方设法主动接近他们，了解他们的生活经历和思想状况，倾听他们的冤屈和苦衷，然后对症下药，做好争取工作。狱方本来是派来监视王若飞的人，一个个“中邪”了、“赤化”了，弄得狱方十分恼怒与郁闷。于是，他们又挑选了一个在旧军队里当过排长的人，和王若飞关在一起。

此人姓张，大家都叫他张排长，罪名是“结伙抢劫，杀人越货”。他长得五大三粗，性情豪放，被抓时狱方审讯拷打他，用铁火棍子烧穿了他的两只手腕，他硬是咬紧牙关，没吭一声。这个李逵似的人物，在狱里自称老大，谁也不放在眼里。狱方因为这个人的特点看上他了，他像顽石一样，看你王若飞如何点化！秀才遇上兵，让你有理也说不清！

狱方哪会想到，张排长早就知道黄敬斋，知道难友们中间传遍了的黄敬斋的故事，因此，他是怀着“英雄相惜”的心情，走进王若飞的囚室的。

进门之后，张排长就双手作揖，大声说："黄先生，他们要兄弟来给你做伴呢！一只铁笼子里关两只老虎，你该不会嫌弃吧！"王若飞一看这架势，就知道这是个闯荡江湖的汉子，于是笑着说："我哪里是什么老虎，一头老牛还差不多。"张排长说："黄先生过谦了，你不但是只虎，还是只猛虎哩，你是虎落平阳被犬欺了！兄弟早就听说了，你8杆快枪对着都面不改色心不跳，那些审你的浑蛋，被你骂得好痛快！你们共产党人都是好样的，兄弟当兵时就听说了，红军战士个个都是小老虎，打仗冲锋不带含糊的！"王若飞又笑着回答："我们共产党人，对敌人确实都像老虎，但是对老百姓，我们像牛。"张排长拉王若飞坐下，面对面地说："其实，我跟你们共产党也差不多哩，我也是杀富济贫的，跟你们打土豪分田地，不是一样吗？"王若飞摇头说："不一样。我们共产党，不是为了几户、几十户穷人去革命的，也不会只打击几户、几十户的土豪，我们要做的，是把整个旧社会连根拔掉。我们不是为眼前能吃上好饭考虑的，而是为中国子孙万代都能过上好日子考虑的。"张排长听到这里，愣住了，他把王若飞的话放在心里琢磨了一阵，点点头说：“你们共产党，是跟一般人想得不一样。黄先生，百闻不如一见，我是真心服你了。我拜你为师，如果你们将来用得着我，我愿鞍前马后为你们效劳！”王若飞拉起张排长的手，笑着说：“共产党欢迎愿意为人民服务办事的朋友，希望将来我们能够好好合作。”

从此，张排长尊王若飞为兄长，大小事情都听王若飞的安排。狱方大惑不解，很是奇怪，过去那么凶巴巴的张排长，怎么一到黄敬斋那里就变成绵羊了？不久，张排长获释，他在黄河以西的内蒙古草原上拉起一支纵横驰骋的抗日武装，日夜盼望着王若飞前来领导。

张排长走后，狱方又安排一个蒙古族青年到王若飞的囚室里，他的小名叫三毛。狱方认为三毛汉话都说不好，更不认识汉字，对汉人向来避而远之，看你黄敬斋怎么“赤化”？

三毛是内蒙古草原上的牧民，一个汉族地主因看上了他家的草场，就捏造事实，说三毛“私通盗贼，抢夺马匹”，被无辜地判了5年徒刑。三毛已在狱中蹲了4年，他要么一声不吭，要么暴跳如雷。他恨汉人，认为是汉人夺走了他的草场，让他和老母亲分离，让他莫名其妙地遭受牢狱之灾。到了王若飞的囚室，跟亲切和气的“黄先生”相处长了，三毛渐渐爱说话了，他心里有太多想不明白的事情，需要请“黄先生”一一解答。

王若飞告诉三毛:“压迫欺负你的汉人地主，一样也欺压汉族的贫苦百姓，他们的目的，就是巧取豪夺别人的财产，才不管你是哪个民族。蒙古族的王爷不也是一样吗？我们蒙汉两族的贫苦人民都是兄弟，我们都受剥削阶级的欺压，我们只有团结起来，才能打倒他们，建设一个没有剥削压迫、人民当家作主的新社会。”

除给三毛讲道理启蒙之外，王若飞还教他认字读书，开设了一个小小的狱中学堂，从三毛的“三”字教起，一直教到三毛能读《三民主义》等书籍。一年的时间里，师生结下了深厚情谊。三毛向王若飞提出了入党申请，在那种特殊情况下，不可能完整地履行手续，王若飞在征求狱中其他党员的意见后，代表党组织正式吸收三毛为中共党员。

三毛被彻底“赤化”了，他刑期将满之时，狱方让他在监内做杂工，他利用这种方便，经常给王若飞和其他党员传递文件和消息。1933 年秋天，三毛出狱，他打入保安队，策动伪军哗变，建立抗日武装，后来在战斗中英勇牺牲。

王若飞就像一缕阳光，照亮大家心中的希望；他像一团烈火，温暖鼓舞着狱中的难友们。他在狱中的威信很高，得到普遍的爱戴和尊敬。因此，凡是他发出的号召，总能得到难友们的拥护和支持。为了改善狱中生活，改变非人待遇，王若飞经常组织难友起来斗争，取得多次胜利。他在狱中吟诗明志：“死里逃生唯斗争，铁窗难锁钢铁心。”振聋发聩，掷地有声！

学习和写作，是王若飞的习惯，他绝不允许自己虚掷时光，哪怕身陷囹圄，也要坚持学习。他已经掌握了俄、法、日语，又开始学习英语。他说：“学习一门外国语，就等于打开一个新天地，掌握一件新武器。”能够到手的报刊书籍，他都认真阅读，充实自己。为了能够写作，王若飞用竹签和苇秆做笔，把旧书的背面当纸，蘸着黑墨写成了几十篇理论文章，如《中国往哪里去？》《怎样开展红色游击战斗》《大革命是怎样失败的》《五卅惨案的经过》《第三国际见识》《民族问题和土地问题是中国革命的中心问题》，等等。日复一日，年复一年，王若飞在常人难以想象的恶劣环境里，写下了数十万字的文章书信，为中国革命留下了十分宝贵的历史资料，充分体现了他生命不息战斗不止的高风亮节。

## 在太原监狱

1936年7月，王若飞在绥远第一监狱已经度过了第5个夏天。就在这一年，王若飞戴着脚镣，坐着囚车，被秘密押解到山西太原的陆军监狱。

王若飞到太原陆军监狱之后，首先摸清狱中的情况，尤其是政治犯的情况。在大家相互熟悉信任后，他把20多名党员按监房分成4个学习小组，组织开展政治学习，也学习语言。王若飞对大家说:“我们这里的学习基础很好啊，你们看，有参加过北伐的老兵，有打过白军的红军，有学校的学生，也有读过马列的人，这是最理想的一所学校了。我们每个人既是先生，又是学生，大家都应该在这个学习小组里虚心学习，取长补短。”在王若飞的引导下，政治犯们精神分外振奋，每当遇到困难和考验的时候，他们就不约而同地唱起《国际歌》，那铿锵有力的歌声在狱中回荡，经久不息，鼓舞斗志。

陆军监狱的伙食很差，发臭的小米，又酸又烂的萝卜叶子，就是犯人每天的饭菜。有一天，发放的稀粥里居然出现两只已被煮烂的老鼠，所有的囚犯都被激怒了，压抑许久的心情像火山一样开始喷发。王若飞领导大家开展了绝食斗争，他告诉同志们:“绝食斗争，是我们在狱中进行合法斗争的最高形式，事先要有充分的准备，力求万无一失。必须思想一致，行动一致，一旦绝食开始，就要坚持到底，不管敌人采取什么手段，威胁也好，利诱也好，绝不动摇，直到胜利！”在王若飞的领导下，政治犯们经过5天5夜的绝食，取得了斗争胜利，绝食前提出的3个条件“改善伙食，除掉镣铐，阅读书报”都得到兑现。

王若飞在绥远狱中的时候，曾经两次见到绥远省主席傅作义。傅作义很想感化王若飞，让他为自己效力。王若飞不为所动，傅作义十分明白王若飞终不能为己所用，但他爱才惜才，从心底钦佩王若飞，这就是王若飞被捕后没有遭到严刑拷打乃至杀害的背景原因。但是由于阵营不同，傅作义也不可能不对王若飞严加看管。王若飞转押太原之后，叛徒张慕陶向阎锡山告发，黄敬斋就是王若飞。于是，阎锡山派他的秘书梁化之多次到狱中与王若飞见面，企图劝降，明确表示，只要答应与他们合作，就可以立即出狱。王若飞回答说：“我是囚犯，你们是统治阶级，没有什么共同的语言。我们的地位根本不平等，有什么可谈的呢？我申明，我没有罪，我只要求你们无条件开释。当我还戴着脚镣手铐的时候，我拒绝作任何有条件出狱的谈判。至于我出狱后是否与你们合作，这不是我个人的问题。对于一个共产党员来说，只能服从我们党的组织决定，不能拿个人的生死利害和你们进行交易。”铿锵有力的表白，展示了王若飞的革命气节和对党的无限忠诚。

1936年9月，薄一波等54位同志经党组织营救从北平出狱，他很快被中共北方局派到太原去做上层统一战线工作，临别前，北方局书记刘少奇交给他一个特殊的任务：营救王若飞。薄一波以帮助阎锡山进行抗日救亡宣传组织的名义到达太原之后，和阎锡山约法三章：“第一，我参加共产党多年，说话、行动都不能离开共产党的主张；第二，凡是有利于抗日的事我们就做，不利于抗日的事就不做；第三，我要用些人，希望提供方便，保证他们的安全。”这3条阎锡山一一同意，并邀薄一波主持山西牺牲救国同盟会的工作，担任秘书长。

薄一波察访了太原所设的4所监狱，终于在陆军监狱见到了“黄敬斋”的名字。薄一波第一次见到王若飞的时候，虽然亮明了自己的身份，介绍了党在当前形势下的方针任务，但王若飞不认识薄一波，仍然保持着足够的警惕。薄一波二次探望王若飞，王若飞的疑团还没有消除，他要求看党的文件，还要求找个他认识的人前来，证实薄一波所说的情况，并对他在狱中的表现进行全面审查，得出结论。不久，中共北方局负责人之一的柯庆施赶到太原，并带来了刘少奇的亲笔信，王若飞这才放心。

1937年4月，在抗日民族统一战线已经形成的大形势下，王若飞被无条件营救出狱。与难友告别时，同志们又唱起了《国际歌》:“起来，饥寒交迫的奴隶；起来，全世界受苦的人。满腔的热血已经沸腾，要为真理而斗争！……”王若飞应和着同志们，也大声唱起来。

王若飞唱着《国际歌》入狱，又唱着《国际歌》出狱。经历了5年半的铁窗岁月，他终于跨出了监狱的大门，呼吸到自由的空气。

直把生死等闲看，永留清白在人间！

# 05 大智大勇，呕心沥血为党谋

## 保卫陕甘宁

1937年8月，遵照党的指示，王若飞和李培之夫妇二人从太原出发，到达西安八路军办事处，他们向办事处人员报告了狱中斗争的情况并做短暂停留。9月初，在办事处人员的护送下，到达延安。到达延安的第二天，毛泽东接见了他。他情绪非常激动，对夫人李培之说："我从来没有像今天这样快活，这次我们真的回到家了。"

开始，王若飞担任陕甘宁边区党委统战部部长，接着担任宣传部部长，开始了他在抗日战争中的战斗历程。他满腔热情地投入工作，平时勤勤恳恳，言语不多，但善于以敏锐的政治眼光，抓住当时的一些关键问题，进行深入的研究，提出独到的见解，写出精辟深刻的文件和文章，为党的方针政策的制定起到了很好的参谋作用。为此，毛泽东多次夸赞他说:“若飞是我们的理论家！”

1937 年年底，日本侵略者调整进攻战略，加紧对陕甘宁边区河防阵地的进攻。当时，边区留守兵团近 1.5 万人担负着两重任务：一是守卫从神木到宜川的千里河防，阻击日军西进；二是在 2000 多里的边区边界线上防止国民党军队的偷袭和 40 余股政治土匪的干扰，边区的保卫形势非常严峻。陕甘宁边区党委多次召开会议，研究河防兵力部署和动员战备问题。边区政府也召开会议，作出动员边区群众支援战争、保卫家乡的工作决议。

王若飞参加了党委会议和边区政府会议。对如何保卫边区、发动群众等问题，发表了重要意见，撰写了许多文章。王若飞指出，陕甘宁边区的抗战在全国占着极重要的地位：从军事上讲，他是陕、甘、宁、青整个西北的前卫；从政治上讲，他是巩固与扩大全国抗日民族统一战线的推动地区。边区的存在，牵制了敌人很大兵力，保护我国西北国际交通线，从而有利于推动与增强全国的抗战力量。他提出了能够争取胜利的5个有利条件：边区民众有着高度的政治觉悟，抗战动员工作容易进行；边区人民具有丰富的民众游击战经验，能够独立地配合军队对日作战；边区政府与军队，亲密地与人民打成一片；边区有共产党领导的坚强的组织工作；边区有良好的地理条件有利于对日军作战。

1938年年初，王若飞检查边区自卫军的工作，发现了工作中存在的一些弱点。他提出边区每个党员、每个公民必须明白目前边区的抗战形势，应把整顿自卫军的工作，看成是迎击日寇进攻的一切工作中最中心的一环，而加强党的各级组织的领导，是做好这次整顿工作的保障，只有这样，才便于迎击日军的进攻，保卫边区、保卫西北、保卫党中央。王若飞多次深入边区基层实地考察，检查群众动员情况，考察那里的自然环境，参加有关会议，向基层宣传边区抗战形势和保卫边区的重要意义。针对边区发动群众工作存在的薄弱环节，他明确指出："一切抗战动员工作之能否完成，全系于我们的政治宣传工作是否深入。要坚决反对一切不经过政治宣传的强迫命令动员群众的办法，保卫边区的战争动员，首先应该经过一切党的与群众的会议，采用口头的、文字的各种宣传办法，使每个干部、党员清楚明白目前边区抗战形势，认识抗战必胜的前途，反对一切自由主义和不负责任的倾向，反对惊慌失措和没有完成任务信心的倾向，反对疏于戒备的轻敌观念。"他号召边区人民全部动员起来，"要积极参加边区保卫战争，积极配合部队的作战，要扼守隘口，四出袭击，要使敌人每占领一寸土地都要付出极大代价"。他还及时指出了边区战时的经济文化建设工作，说："目前正是春耕时期，我们仍在各地进行春耕动员，坚决反对那种借口抗战紧急而完全忽视春耕工作的倾向。"他强调，我们的抗战是长期性的，为了保证长期抗战粮食的供给，更应该把春耕工作和一切经济工作做好。

在边区党委的领导下，王若飞在宣传群众、组织群众、武装群众，建立巩固的陕甘宁边区防线方面，取得了很大成绩。在我正规军、自卫军、游击队的打击下，日军不得不放弃了对陕甘宁河防的进攻。

## 党的第一代民族问题专家

1937 年日本占领察哈尔、绥远、包头后，内蒙古自治政府挂起日旗，于当年 10 月成立了以德王为首的、亲日反共的“蒙古联盟自治政府”。在此形势下，如何对待内蒙古问题，是当时边区党的一项重要工作，为此，陕甘宁边区党委于 1938 年 1 月召开会议讨论对策。王若飞在会上作了重要发言。他准确分析了蒙古联盟自治政府成立的背景、蒙民的态度、我们应采取的政策，并整理成文，发表在《团结》上。他认为，蒙汉团结是争取内蒙古抗日战争最后胜利的保证，并从内蒙古实际出发，把党的全面抗战路线和内蒙古的实际结合起来，加以具体化，解决了一些人对内蒙古自治政府产生的一些不正确的看法，这对争取团结内蒙古人民抗日是有重大作用的。

随着侵略战争的扩大，日本当局故意挑起蒙古族、回族与汉族的仇视和冲突，在指使成立“蒙疆联合自治政府”后，又在回族上层活动唆使成立自己民族的独立政府，破坏汉、蒙、回民族的抗日联合战线，达到各个击破的目的。

在这种形势下，1938年9月29日至11月6日，中共中央召开了扩大的六届六中全会。毛泽东在大会政治报告中特别强调了少数民族工作的重要性，指出：“针对着敌人已经进行并正在加紧进行分裂我国内各少数民族的诡计，当前的重要任务，就在于团结各民族为一体，共同对付日寇。”“我们的抗日民族统一战线，不但是国内各个党派、各个阶级的，而且是国内各民族的。”毛泽东在报告中还指出：“党的各项民族政策，最基本的是允许蒙、回、藏、苗、瑶、彝、畲各民族与汉族有平等权利，在共同对日原则下，有自己管理自己事务之权，同时与汉族建立联合统一的国家。”六届六中全会后，如何以马克思列宁主义关于民族问题的基本理论为指导，结合中国革命实际，研究中国民族问题，就突出地提到中央的议事日程上来了。为此，成立了西北工作委员会民族问题研究室，具体负责和解决西北各少数民族政策问题。

在酝酿成立西北工作委员会期间，中央委托王若飞领导一个小组，研究内蒙古问题，提出解决内蒙古问题的方案。1938年12月，王若飞向党中央提交了一份关于解决内蒙古问题的意见。他首先分析了内蒙古的形势，接着总结了党过去在内蒙古的工作情况，在完全了解了内蒙古目前阶级形势和我党的工作基础上，对今后内蒙古工作提出了10项具体政策。这些系统地、全面地提出解决内蒙古民族问题的政策，成为后来党制定的《关于抗日战争中蒙古问题提纲》的基础。这无论是从理论上还是从实践上，都是对马列主义关于民族问题学说的重大贡献。

王若飞十分重视对回族问题的研究。当时，民族问题研究室对回族问题的研究有一定的分歧，为了统一思想，王若飞全面阐述了马列主义关于民族问题的理论，分析了中国民族形成的特点，肯定了与回民的问题是民族问题，比较详细地论证了怎样看待汉民信回教、回民与汉民的关系、回族特点等方面的问题，概略地提出对待回族的政策。王若飞的报告，成为后来中央通过的《关于回回民族问题的提纲》的基础。

王若飞是党内最早注重研究中国少数民族问题的领导人之一，他不但有深厚的马列主义关于民族问题的理论修养，而且有丰富的实践经验，在正确解决蒙、回民族问题上有重大建树，是党的第一代研究中国民族问题的专家。

## 批判阎锡山

阎锡山从 1911 年辛亥革命后任山西都督，从此盘踞山西，成为山西人民的“太上皇”。在他长期统治山西的过程中，反复宣扬一种反动的政治主张，名为“按劳分配主义”，实质上是孔孟之道、日本军国主义和封建主义的大杂烩，目标是反对共产主义。

全面抗战初期，中国共产党和阎锡山建立了统战关系，八路军和阎锡山领导的晋绥军共同抗日。但阎锡山从未停止宣扬他的反动政治主张，在大学和各种训练班中、在各种会议上，总是鼓吹“按劳分配主义”和攻击共产主义。1939 年年初，阎锡山受到日军诱降的影响，幻想走反共降日的道路，就更加拼命地宣传“按劳分配主义”。阎锡山的宣传，对中共发动山西、陕甘宁边区及整个华北地区军民积极参加抗日战争产生了不利影响。此时此刻，批判阎锡山的反动学说，是实现党提出的“坚持抗战，反对投降；坚持团结，反对分裂；坚持进步，反对倒退”三大口号的重大政治任务。王若飞组织了一个研究小组，广泛地搜集阎锡山发表的讲演和文章，对其反动学说的内容、中心、实质进行了全面的剖析和批判。

阎锡山的“按劳分配主义”，包括“物产证券”“按劳分配”“唯中哲学”3 个主要部分。

王若飞指出：“物产证券”是主张政府可以无限制地发行一种本身毫无价值的纸币，用以接收人民的物产，并作为人民兑换所需物产及其公私支付一切费用，以便吸收人民生产的财富。举例说，人民卖出 1 元的货物可得 1 元的钞票；但买入 1 元的货物时，需要按照卖货的价格再加收 20%—35% 的手续费，这纯粹是残酷剥削劳动者的一种形式，用没有价值的“收条”，便可以换取巨额的财富。

关于“按劳分配”，就是恢复古代的井田制度，即阎锡山在山西农村倡导推行的“兵农合一”，使农民依附在固定的土地上，把“农民独立的人格变成份地的人格”，使农民的人身、财产以及劳动和生活，都受到严格的管制，把农民的自由经济生活完全取消，是超越古今的、反动透顶的新式农奴制度。王若飞指出：阎锡山的“按劳分配”既不能与共产主义第一阶段混为一谈，也绝不是共产主义的朋友，他会产生“被压迫民族、被压迫阶级，对于自身的解放静坐不动，等待压迫他们的民族与压迫他们的阶级之自觉改变态度”，这对于工农群众争取解放与被压迫民族争取解放是非常有害的。

关于“唯中哲学”，本质上是中国过去统治阶级原有的折中主义，阎锡山说“一切事情不要做得太绝对了，抗日要准备联日，拥蒋要准备反蒋，联共要准备反共”，“抗战与和平是个政治问题，不能说主张抗日就对，主张和平就不对”，“存在就是真理”。在阎锡山看来，只要能够存在，投降敌人、出卖民族、背叛国家都可以。王若飞指出：阎锡山的“唯中哲学”表面看不左不右，实际是以自我为核心，是典型的实用主义哲学；在这种哲学下，观察事物、判断问题、创立学说、从事社会运动，“总是主观的而不是客观的，是形而上学的而不是辩证的”。

1939 年 9 月，王若飞领导研究小组出版了《阎锡山先生学说研究》一书，系统地批判阎锡山反动思想，使晋、陕和华北地区抗日军民进一步认清了阎锡山反共反人民的本质，丢掉幻想，提高警惕，为反击阎锡山进攻新军和制造第一次反共高潮做好了思想准备。

## 重视地方武装

1938 年，王若飞奉命兼任八路军总部的工作。他起初对担任军事职务感到有些难为，于是去找毛泽东说："我从来没有做过军队工作，担任这项工作恐怕不行。"毛泽东热情地鼓励他说："我开始也没有搞过军事，后来不是也搞起来了吗！"不久，王若飞担任了八路军总部副参谋长，驻军委办事。

1939年，中国政治军事形势开始发生重大变化。日本对国民党采取以政治诱降为主、军事进攻为辅的方针，英美帝国主义又加紧对蒋介石的劝降活动，企图制造远东慕尼黑事件。国民党蒋介石在这样的形势下，反共活动日趋频繁。为了打击国民党的投降反共逆流，准备应付可能发生的突然事变，防范日军和国民党顽固派发动对根据地的进攻，党中央在政治上重视提高全党的思想觉悟，巩固党的组织，并加强根据地建设；在军事上，特别加强地方武装建设，大力发展自卫军、游击队，当时，在我党号召下组织起来的民众武装组织遍地开花，几乎村村都有游击队、自卫军，向敌人展开各种形式的斗争。但是这些武装组织形式不统一，性质、任务不明确，直接影响到有效地开展对敌斗争。王若飞遵照军委的指示，着重考察了华北地区人民自卫武装的建立、发展和民众游击战争的经验问题。

华北地区人民自卫武装有游击队、自卫队、游击小组、民团、联座会、保甲壮丁等，王若飞认为，就组织形式而言，最适合抗战需要的是游击队、自卫队、游击小组 3 种组织。他说：“这 3 种组织，各有其特殊作用，同时又是密切相关的。它们在执行任务上，可以相互配合，在组织上，自卫队可以发展成为完全脱离生产的游击队，自卫队又可以组织许多游击小组活动。”他认为，各级党委必须组织一支有一定数量的地方游击队，并做到游击队干部地方化，动员可以参加武装斗争的党员到八路军、游击队、游击小组去，要使游击队、游击小组的武装力量，不仅是抗日的，而且是保护人民利益的。针对自卫队任务不十分明确的现状，王若飞给自卫队规定了 4 项主要的任务：一是稳定后方社会秩序，维持地方治安；二是承担战时工作任务，如担架、运输、拆城、破路等；三是补充正规军和游击队；四是捍卫群众利益，保卫地方政权。

关于自卫队的性质和领导问题，王若飞指出：自卫队应是一种不脱离生产的半军事性质的群众组织，它同其他群众团体一样，有自己组织上的独立性；自卫队在政治上、军事上，须接受当地政权与驻军的领导，它的干部是民主选举的。

1940年春，日军开始加紧对抗日根据地的“扫荡”，许多敌后的根据地变为游击区。王若飞根据毛泽东关于抗日游击战争的作战形式和任务的指示，结合边区实际，适时提出了新的武装斗争任务和要求。

他批评了有些游击区领导人对这类地方武装重要作用估计不足、不注意组织游击支队的武装斗争的错误，指出“不能单靠八路军正规军来保卫他的组织及工作”，“自己不组织一定数量的地方武装，则在遭受突然事变时，或根据地转为游击区时，我们的组织及工作，均有完全垮台的危险。”

他批评了有些地区的正规军，只顾吸收游击队的人、枪扩大自己，而对地方游击队的帮助很不够，没有预见到在根据地转为游击区时，正规军将被迫转移到其他地区，只有广泛深入地发展地方游击队与游击小组的活动，才能坚持当地的工作。

1940 年 4 月，王若飞发表《华北游击队与民众游击战争的经验》一文，总结了全面抗战 3 年来华北地区游击战争的经验，对发展华北人民武装，保卫和巩固敌后抗日根据地，粉碎 1941 年以后日军的大“扫荡”起了重要作用。王若飞关于建立和发展地方武装的理论和实践，是毛泽东关于抗日游击战争理论的运用和发展。

## 起草党的重要文件

1941 年 2 月，王若飞调任中共中央秘书长和党务研究室主任。在这一时期，他参与了中央和陕甘宁边区一些重要文件的起草和政策的制定。

1941 年 5 月，毛泽东作《改造我们的学习》的报告，提出了把马克思主义与中国革命的具体实践相结合的问题，批评了不注重研究现状、不注重研究历史、不注重马克思主义的应用的作风，将马克思主义的态度与主观主义的态度进行了形象深刻的对比分析，提出要系统地、周密地研究周边环境；分门别类地有计划有组织地研究中国历史；以研究中国革命实际问题为中心的在职干部教育和干部学校教育的任务。

此后，中央鉴于张国焘在长征路上分裂党和王明在全国抗战初期不服从领导、无组织无纪律的历史教训，以及有相当一部分党员存在着非无产阶级的思想和作风的情况，认为如果不进行一场普遍的马列主义的思想教育运动，不开展一次无产阶级思想对非无产阶级思想的斗争，党就不能顺利地战胜各种困难，也不可能领导中国革命走向胜利。同时考虑到目前各根据地面临的各种困难，急需加强中央统一领导，并须为此起草一个增强党性的文件。王若飞受中央委托，起草了《关于增强党性的决定》，并在 1941 年 7 月 1 日召开的中央政治局会议讨论通过。

文件第一部分指明了党的历史地位，要求全体党员和党的各个组成部分都在统一意志、统一行动和统一纪律的基础上团结起来，成为有机的整体，使全党能够团结得像一个人一样。第二部分分析了党在历史上所犯的党性原则错误，表现在政治上自由行动，组织上自成系统，思想意识上的小资产阶级个人主义。第三部分说明纠正违犯党性原则倾向采取的办法，强调全党的统一性、集中性和服从领导的重要性，严格遵守个人服从组织、少数服从多数、下级服从上级、全党服从中央的原则。《决定》的每一条文都有丰富的内容和强烈的针对性，这是党的思想建设的重大成果。

为调动一切积极因素，依靠广大农民持久地进行抗日战争，争取抗战的胜利，中央指示王若飞进一步研究抗日根据地的土地政策问题，拟定出一个全面的关于土地问题的政策决定。王若飞组织相关人员，把各根据地上报中央的有关土地问题的文件和资料收集起来，然后分成专题进行综合整理。对发现存在的问题，他主持召开多次形式不同、参加人员各异的座谈会。他特别注意向农民出身的基层干部求教，询问诱导，不厌其烦。会后，他认真整理记录，梳理研究，潜心深思。经过半年多的努力，在经过反复调查与研究后，王若飞开始起草关于抗日根据地的土地政策的文件，他认为首先要本着严肃、认真、谨慎的态度反复推敲，务求反映真实情况、解决实际问题、正确指导现实的原则，整理出根据地土地政策的有关问题，然后分送中央领导和各部门、各根据地征求意见，再集中各地各方面意见，反复研究，经过多次修改和讨论后，形成初稿。

1941 年 1 月，毛泽东主持召开政治局扩大会议，讨论这个初稿。毛泽东指出："土地政策研究了几个月了，是我党以前未有过的决定。凡事不要轻易决定，决定只是已经成熟了的事。"王若飞坚决贯彻毛泽东这一指导思想，他"肯钻研，想得多，看得深，对任何问题，在未考虑成熟之前，不轻易提出，很慎重，很负责"。这个初稿很长，毛泽东又请中央书记处书记任弼时和其他一些同志与王若飞一起进行了认真的、慎重的修改。1941 年 1 月 28 日，中央政治局会议正式讨论通过后，下发各地执行，这就是《中共中央关于抗日根据地土地政策的决定》。这个决定调动了广大农民群众的抗日热情，激发了他们的生产积极性，发展了抗日民族统一战线，巩固了抗日敌后根据地，为最后打败日本侵略者发挥了重大的历史作用。其中，王若飞功不可没。

## 积极投身延安整风运动

在抗日战争进入相持阶段的艰难岁月里，由于日军疯狂的“扫荡”破坏，根据地的军需和生活日用品极为缺乏，人民生活十分困苦，加之国民党推行防共、限共、反共的政策，对根据地实行严密的经济封锁，使敌后抗战举步维艰，出现了严重的困难局面。

为打破敌人的围攻和封锁，边区开展了大生产运动，自己动手，开荒种地，纺纱织布。王若飞积极投入这一运动，经常参加中央机关组织的各种劳动。他的工作极度繁忙，但生活却十分朴素。按规定他可以吃小灶，却坚持与大家一起在大灶吃饭。他的衣服破了，缝缝补补继续穿。他五十寿辰之日，中央领导同志要为他祝寿，得知消息后他一早就外出躲避。同志们称赞他是一个“有才有德、无私无畏”的革命家。

如何克服根据地的严重困难，争取抗日战争的最后胜利，关键在于加强党的建设。为此，从1942年起，在全党展开了一次大规模的整风学习运动。

1942年2月上旬，毛泽东先后在中央党校的开学典礼以及中宣部和中央出版局联合召开的宣传工作会议上，作了《整顿学风党风文风》和《反对党八股》的报告，全面系统地提出了反对主观主义以整顿学风、反对宗派主义以整顿党风、反对党八股以整顿文风的任务，同时阐明了整风的宗旨和方针是“惩前毖后，治病救人”。这两个报告实际上是发动全党整风的动员报告。会后，各单位传达毛泽东的报告，并制订了学习计划和检查工作计划，普遍和充分地向党员、干部作了思想动员。

王若飞响应号召，积极投入整风运动。1942年6月，他在《解放日报》上发表了《粗枝大叶、自以为是的主观主义作风是党性不纯的第一个表现》一文。他首先对自己进行深刻的自我解剖和反省，检讨自身存在的主观主义表现。他说：过去对党性的认识，只注重从组织方面去看，认为党是有组织的整体，“个人的一切言行，应该无条件地服从党组织的决定，只要自己埋头为党工作，不闹名誉，不闹地位，不出风头，不把个人利益与党的利益对立，便是党性”，常自以为自己能够做到这些方面而感到泰然自得，不做更多的要求了。他进一步分析了某些部门、某些地区粗枝大叶、自以为是的表现，深刻指出这些作风带来的危害。王若飞的自我解剖是深刻的，当时在延安的许多同志都为他的这种精神所感动，在党的机关中起了很好的表率作用。

随着整风运动的发展，从 1943 年到 1944 年，党中央又组织党的高级干部学习党史，开展对历史问题的讨论。1943 年 12 月，王若飞在延安高级干部会议上，连续两天作《关于大革命时期的共产党》的长篇报告，对正确总结历史经验教训、提高干部的马列主义思想水平，起到了积极作用。

# 呕心沥血为党工作

作为中共中央秘书长兼党务研究室主任，王若飞的工作强度很大，十分繁忙。当时党中央的许多指示、通知、决定和复电都是他起草后交毛泽东审定后签发的，中央对各抗日根据地的许多文件、政策也是他主持党务研究室起草，经中央讨论决定后下达的。王若飞是一个“亲自动手”的模范，事必躬亲，从不请人代劳。为了赶写材料，他常常星期天也不休息，反锁房门，谢绝会客，不分昼夜，连续工作。有的同志回忆说，在杨家岭有几位不知疲倦的人，他们的窑洞里经常亮着通夜的灯光，王若飞就是其中之一。

王若飞平易近人，和蔼可亲。他还善于发现人才，引荐人才，为党所用。据胡乔木的夫人谷羽回忆，在 1941 年 2 月的一天，王若飞找到在中央宣传部工作的胡乔木，郑重地对他说：“毛主席那里需要人，决定调你到他那儿做秘书工作。”胡乔木心有顾虑，认为他没做过秘书工作，怕当不好，王若飞就耐心做通他的思想工作，打消了他的顾虑，使他愉快从命，其后30多年一直跟随在毛泽东身边。

在延安，王若飞和李培之生育了一个可爱的儿子，小名叫毛毛。中年得子，王若飞欣喜后继有人，散步时常常扛着他逛延河，登宝塔山。有一次王若飞带着毛毛到枣园见毛泽东，毛泽东逗毛毛说:“毛毛，你有两个毛，我还只有一个呢！长大了，要和我们一起革命！”毛毛长大后，为新中国从事导弹发动机的研究实验，作出了贡献。

# 06 团结斗争，谈判高手美名扬

## 初到重庆

抗日战争期间，中国共产党一方面领导根据地军民抗击日军，一方面打退国民党顽固派发动的反共高潮。为争取团结、抗战、进步局面，与国民党蒋介石进行着断断续续的谈判。这是又一个战场，斗争同样尖锐、复杂、激烈。

1944 年 4 月，日本帝国主义为了援助它侵入南洋的孤军，挽救在太平洋战场上的失利，打通从中国东北到越南大陆的交通线，向国民党战场豫、湘、桂地区发动了新的进攻。4 月 22 日占领郑州，5 月占领驻马店、洛阳，接着南下，6 月占领长沙，8 月占领衡阳，截断了国民军东南与西北的联系。日军休整后，又于 11 月，相继占领桂林、南宁，至此，完成了它打通大陆交通线的战略任务。在这次军事行动中，日军只有 25 万人，而国民党却动用了近百万大军，出现了抗战以来国民党战场第二次大溃败。军事上的大溃败，造成民生凋敝，民怨沸腾，民变纷起。国民党统治区掀起声势浩大的民主运动，集中要求实行民主改革，改变国民党一党专政的独裁统治，迫使蒋介石国民党同共产党举行谈判。此时，党领导的大生产和整风运动这两项工作，使抗日根据地在物质基础和思想基础两方面立于不败之地，根据地遍及华北、华中、华南，已达 18 个。在这种形势下，1944 年年初，党中央派林伯渠和王若飞去重庆加强南方局工作，迎接和推动新形势的到来。

5 月 2 日，王若飞随林伯渠到达西安，与国民党代表张治中、王世杰进行谈判。谈判开始时，我方提出要听听国民党对国共关系所谓“政治解决”的办法，但对方却一再要求中共代表提出具体问题来谈，于是，双方决定先谈军事问题和边区问题。我方提出把本来可以编为47个师的军事力量编为6个军18个师、承认边区政府、撤除对陕甘宁边区的军事封锁和经济封锁、承认共产党的合法地位等问题。双方会谈了5次未达成一致意见，只能同意各自报告自己的中央。5月11日，毛泽东致电林伯渠，指示以周恩来3月12日在纪念孙中山逝世19周年大会上提出的主张作为基本条件同国民党谈判。基本条件是：一是承认中共合法地位，二是承认陕甘宁边区及敌后抗日根据地，三是承认我党领导下的一切抗日军队，扩编成八路军、新四军并发给粮草弹药、恢复新四军番号，四是撤销包围我根据地之50万国民党军队，再加上恢复西安、重庆办事处和西安、重庆与延安自由往来等。

5月17日，林伯渠、王若飞与张治中等同机飞往重庆，在重庆继续谈判。20日，中共中央电告林伯渠、王若飞，提出关于政治民主化、承认一切抗日军队、承认共产党及各党派之合法地位、释放政治犯等20条谈判内容。6月4日，我方代表正式向国民党代表递交了《中国共产党中央委员会向国民党中央执行委员会提出关于解决目前若干急切问题的意见》。《意见》要求实行民主政治、开放党禁、释放政治犯、承认陕甘宁边区民选政府等。而国民党提出的《中央对中共问题政治解决提示案》的主要内容是：中共领导的军队只允许编 10 个师，其余部队“限期取消”，已编者“限期集中使用”；对陕甘宁边区政府，规定直属国民政府行政院，实行中央法令，其他各解放区由国民党派员接管。因双方意见距离太大，谈判一直陷入僵局。七八月间，周恩来、林伯渠先后通过报界发表声明，反驳国民党对谈判的歪曲宣传，表明共产党将一如既往，只要有利团结、促进民主，什么问题都可以谈。9 月，国民参政会三届三次大会在重庆召开，林伯渠在会上作了国共谈判经过的报告，认为国民党的做法，就等同于不要敌后人民抗日，这从全面抗战的利益上来说完全是不可理解的，还提出了挽救目前抗战危机、准备反攻的紧急办法，要求结束一党统治的局面，成立各抗日党派民主联合政府。会后，林伯渠返回延安。

# 主持中共南方局的工作

南方局是抗日战争时期代表中共中央领导国民党统治区的党组织进行斗争的领导机构，对外公开的名义是八路军驻渝办事处，有时也叫中共代表团。王若飞到达重庆后，不仅协助谈判，还协助董必武在中共南方局的工作。1944 年 11 月，董必武返回延安，王若飞留渝主持南方局工作，任工作委员会书记。

王若飞非常重视南方局工作人员的思想教育工作。整风运动时，南方局虽然也组织大家学习一些整风文件，但联系党史上的路线斗争和思想认识还是很不够的。王若飞提出结合蒋管区实际和思想认识上的问题，学习马列主义理论，在实际斗争中增强党性，提高政策策略观念，转变成伟大的共产主义战士。南方局各部门认真开展学习，广泛进行批评和自我批评，使大家分清了什么是无产阶级思想，明确了党史上两条路线斗争的是非，了解到当前形势对我们的有利方面和不利条件。

王若飞非常重视南方局的统一战线工作。他根据形势发展的需要，先后两次在办事处召集有关人员开会，作关于统一战线政策的报告。他领导大家积极行动起来，积极联络各民主党派、民族资产阶级、爱国华侨、新闻界、教育界、文化界等方面的民主势力，宣传中共主张，揭露国民党的阴谋破坏活动，争取他们，团结他们，共同奋斗。王若飞坚决贯彻党的“发展进步势力、争取中间势力、孤立顽固势力”的方针，取得了非常明显的成绩。

王若飞领导开展基层群众工作。1945 年 1 月，中央致电周恩来、王若飞：南方局目前时期工作，除了一般的民主号召和上层联络外，主要任务是做下层群众工作，在后方农村建立可靠基础。南方局和大后方的党组织，应以农村为主要工作对象，设法发动与训练一批党员、进步青年学生、进步人士，依靠各自的社会关系，深入到农村去，联络农民与民团，努力取得成绩。南方局立即作出部署，主持举办了农村工作人员训练班，训练开展农村工作的骨干。王若飞还派刘兆丰、李升霞等到潜江、彭水、秀山地区去联系群众，建立武装，准备打游击。派王敏、王家兹等去川鄂边发动群众，组织农民武装。派朱家璧到云南去，建立边界游击队。他还指示广西省委，能够上山打游击的都上山打游击去，八路军桂林办事处的党员积极响应号召，到桂南、桂北山区组织武装力量，打击日军和伪军。

王若飞领导了大后方民主运动。1945 年 2 月 25 日，中共中央根据当时形势的发展与蒋介石的政治态度，指示王若飞："蒋介石的方针仍然是玩弄民主外衣，维持其独裁实质。""旧金山会议只能有利于国内民主运动的推动，还不能说蒋在此会议前必有若干让步，真正逼蒋让步的条件还没有完全成熟。国际方面苏联还未参战，苏、美、英还未直接干涉中国政治；国内方面，大后方民主运动还未形成公开战线，群众基础还很薄弱，而解放区的统一机构也还未组成"，"他可能拖一时期，国共谈判也不能望其速成"。3 月 2 日、8 日，中共中央两次致电王若飞，明确指出："所谓让步，必须是放弃独裁，实行民主，而蒋现在所说的一套，不仅不是民主，更要以御用国会伪装民主。”“这更危险可恶，必须公开揭穿严词驳斥。”“如要说服民盟，首先在蓉、昆两地与我配合，给与迎头痛击，那就更好。”中央 3 份电报，正确分析了当时形势，要王若飞以中共代表的身份，运用公开合法的形式，在民主力量中开展广泛的社交活动，阐明中共的政治主张，推动大后方民主运动的发展，从而达到逼蒋让步的目的。为了贯彻中央指示精神，王若飞邀请各民主党派领袖参加座谈会，出席的有章伯钧、屈武、左舜生、沈钧儒、黄炎培等，希望大家同中共联合一致，大力发展大后方民主运动。1945 年 4 月 8 日，重庆文化界及各民主党派领袖等 100 多人举行晚会，王若飞出席并发言。他在发言中揭露国民党维护专制主义，为正义、民主和抗战势力撑腰，充分显示了中共对大后方进步文化人的关怀和共产党对待进步知识分子的政策，博得了与会者的热烈掌声。

在世界反法西斯战争即将取得最后胜利的前夜，在中国革命处于一个伟大转折点的关键时刻，

中国共产党于1945年4月23日到6月11日在延安举行第七次全国代表大会。这是一次团结的大会，胜利的大会。大会选举了党的领导机关中央委员会，中央委员44名，候补中央委员33名。王若飞由于工作原因未能参会，但仍被选为中央委员。

中共七大结束后，王若飞领导重庆办事处把毛泽东在七大上的报告《论联合政府》和朱德的报告《论解放区战场》两个文件，各印10多万份，在重庆广为散发，主持举行各界人士参加的座谈会、学习会，宣传这两个文件的精神，教育和鼓舞了大后方的广大群众和各界进步人士，起到了团结一切可以团结的力量，孤立和打击顽固势力的重要作用。

在中国共产党的号召下，各民主党派和无党派民主人士以及广大人民，要求民主的呼声越来越高。1945年7月1日，王若飞陪同褚辅成、黄炎培、章伯钧、傅斯年、左舜生、冷遹6名国民参政员从重庆到延安访问，共商成立联合政府的大计。在延安，王若飞向党中央汇报了自己在重庆的工作情况，对以后的时局发展谈了自己的看法，进行了实事求是的分析，提出了颇有见识的建议。

## 参加重庆谈判

1945年8月15日，日本宣布投降，中国的抗日战争胜利结束。经历了14年抗战的中国人民，迫切需要和平和建立民主统一的国家，而国民党蒋介石企图抢夺胜利果实，建立大地主大资产阶级的反动统治。中国共产党的方针是：针锋相对，寸土必争，以革命的两手对付反革命的两手，两手都要充分准备。

在此情况下，蒋介石为了欺骗全国人民并做好内战准备，连发3次电报，邀请毛泽东到重庆共同商讨所谓“国际国内各种重要问题”。蒋介石电邀毛泽东进行和平谈判，企图达到一箭三雕的目的：一是装出和平姿态，欺骗全国人民，寻找借口，把内战责任强加在共产党身上。如果毛泽东不来，那就污蔑共产党不要和平，必须承担内战责任。二是毛泽东应邀来谈，他可以尽量拖延时间，以和谈为掩护加紧调兵，准备内战。三是通过谈判施加压力，迫使共产党作出让步，交出人民军队和解放区。蒋介石的如意算盘，可谓机关算尽。

中共中央发表《对目前时局的宣言》，决定派毛泽东、周恩来、王若飞作为代表，到重庆进行和平谈判。1945年8月28日，毛泽东到达重庆，在重庆机场发表书面讲话，讲话明确提出“和平、民主、团结”三大口号，号召各党派和爱国人士团结起来，为建设自由、富强的新中国共同奋斗。王若飞在机场把印好的书面讲话稿散发给到机场来欢迎的各界人士，大家争相阅读，深受鼓舞。

8月29日晚，周恩来、王若飞举行茶话会。王若飞在会上向重庆各界人士说明了中共中央要求国民政府从速实行的6项紧急措施，主要内容是避免内战、实现民主、结束一党专政、成立联合政府、人民休养生息、和平建设国家等。住进重庆红岩村八路军办事处后，为了确保毛泽东和周恩来的安全，王若飞忙里忙外布置保卫工作，亲自带领卫士们勘察各处地形，研究应变措施。“不入虎穴，焉得虎子？”看着大家如临大敌的表现，毛泽东风趣地说：“看来，我们这次真是深入虎穴了，但不知能不能弄点‘虎子’回去。”周恩来、王若飞和随行人员一齐笑了起来，紧张的气氛顿时轻松了许多。

在重庆期间，毛泽东就和平建国等问题直接同蒋介石进行多次谈判。具体谈判主要在中共代表周恩来、王若飞和国民党政府代表王世杰、张群、张治中、邵力子之间进行。蒋介石对待这次谈判关注的“中心”是“政令军令之统一”，也就是要取消解放区和人民军队的存在。对于蒋介石的基本态度，中共中央事先是估计到的，并在谈判中进行了斗争。但为了争取全国人民所需要的和平民主，为了揭穿共产党不要和平、不要团结的谣言，谈判中，也在解放区土地和人民军队数量等问题上作了必要的让步。

在中国共产党的积极努力和全国人民的强烈呼声下，双方代表经过43天的谈判，10月10日终于正式签署《政府与中共代表会谈纪要》（即双十协定）。在双十协定中，双方承认“以和平、民主、团结、统一为基础，长期合作，坚决避免内战，建设独立、自由和富强的新中国”，迅速结束国民党的“训政”时期，召开政治协商会议，保证人民享有身体、信仰、言论、出版、集会、结社的自由；取消特务机关，释放政治犯，积极推行地方自治；等等。

双十协定签订后的第二天，即10月11日，王若飞陪同毛泽东返回延安，随即又回到重庆，同周恩来一起继续与国民党谈判。毛泽东到重庆同蒋介石谈判，充分表明了共产党争取和平民主的真诚愿望和决定，因此受到了重庆和全国人民的热烈欢迎与拥护。当时，重庆的工人、学生、市民纷纷写信给《新华日报》，表达对中国共产党的赞扬和对毛泽东的敬仰，称颂“毛先生一身系天下之安危”。国民党民主派柳亚子称毛泽东赴重庆谈判的行动为“弥天大勇”。

# 出席旧政治协商会议

1945年12月，中共派出周恩来、董必武、王若飞、叶剑英、吴玉章、陆定一、邓颖超等7人组成的代表团，赴重庆参加政治协商会议。会前，王若飞采取各种方式，与民盟代表和其他民主人士如张澜、沈钧儒、章伯钧、梁漱溟等，对政协的有关问题进行充分的沟通和讨论，尽量取得一致意见，以利在会上彼此协同。不打无准备之仗，王若飞这样说的，也是这样做的。政治协商会议开幕后，王若飞在政治组的讨论中，坚持原则，针锋相对，有理有节，善于斗争。和他同组的民盟代表罗隆基称赞王若飞有“一种坚忍不拔的毅力、警醒周洽的思力、刚强果决的魅力，凭借这些条件，才争得了一条近于民主原则的国府委员用人权，废除了一条违背民主原则的主席紧急处置权。他是政治斗争中一员杰出的能将”。对于王若飞口若悬河随机应变的谈判才能，民主人士们心悦诚服，笑称他是“王铁嘴”。

铁嘴申道义，妙语传真理！

1946 年 1 月底，政治协商会议闭幕，达成了有利于人民的 5 项协议。2 月 10 日，重庆各界 23 个群众团体在较场口举行庆祝大会，遭到几百名国民党特务的捣乱破坏，郭沫若、章乃器、马寅初、李公朴等 60 多人被打伤，造成血案。周恩来、王若飞等带着鲜花到医院看望伤员，并和蒋介石进行交涉，提出严惩打人凶手、查究幕后主谋等 7 项要求。已在延安定居的王若飞的舅父黄齐生，也代表延安各界到重庆慰问。

在重庆工作的两年时间里，王若飞无论在任何场合，总是不厌其烦地对自己的同志阐述“共产党人的天职就是为人民服务”，他相信群众的力量，尤其重视群众创造的经验。他认为任何政党和个人，只要脱离了群众，就会一事无成。他经常向同志们说明“为人民服务”和“与群众密切结合”的重要性，并把这一项作为考察任何个人和团体的标准。他认为，只有真正与人民同呼吸共命运，才能了解人民的疾苦和要求，才能更好地为他们服务。在革命艰难、曲折的道路上，革命者如果脱离了人民，就会被时代淘汰，被历史遗弃。

王若飞在工作中十分重视调查研究，强调必须十分注意克服主观盲目性，具有自觉性。在学习上，他提倡老老实实的学风，重视理论与实际相结合，学以致用，反对华而不实、生搬硬套的教条主义态度。许多在重庆和他一起工作的同志都说，他常表现出非凡的综合、分析问题的能力和善于把握问题中心的能力，这正是他重视客观具体情况、群众的实际经验，再加以比较研究和深思熟虑而求得的。也正因为如此，他才能在指导工作时，表现出全面的细心、周密，在斗争中展示出极大的工作魅力。

王若飞在民主作风方面也堪称典范。无论在日常工作中、会议上还是在个别谈心中，他总是全神贯注地听取别人的意见，不时在本子上记下要点，一字一句，认真细致，然后以平等的口气，与同志们交谈讨论，商量切磋。有的同志对某些问题认识不清，他循循善诱，进行解释、说服，对一些同志

的缺点、错误，他从不宽容、放纵，及时提出批评。同时，他对自己的缺点也不轻易放过，常常对自己有性急这一毛病进行自我批评，力求改正。

在重庆，王若飞与许多民主党派和无党派进步人士结成朋友，深受称道。为了团结民主力量，保护民主人士，他经常不顾个人安危，在艰险中奔走呼号，反对迫害，维护民主。在生活上，王若飞艰苦朴素，克己奉公，始终如一。身为领导干部，他吃饭、穿衣与普通同志一样。重庆的夏天，天气闷热全国闻名，但他仍穿着公家配发的与勤务员一样的粗布衬衣，行政处的同志买了两件新光衬衫给他送去，他很快又退了回来，说：“这种衬衫太好了，不能要。”在重庆的两年里，冬天他仍然穿的是延安织造的粗毛制服，棕、黑两套，轮换着穿。有人说，这位留日、留法、留苏，见过大世面的“中共外交官”，在各种公众场合都穿着陕北高原上自纺自制的套装，倒显得格外朴素大方、倜傥风流。有一次回延安汇报工作，王若飞穿的还是那套衣服，毛泽东笑着对人们说：“这真是咱们延安边区的代表啊！从他的衣服就可以看出。”

面对国民党反动派对政协协议愈演愈烈的破坏和内战企图越来越明显的局势，中共代表团决定委派王若飞返回延安，向党中央请示汇报有关工作。临行前，他召开重庆办事处全体同志会议，重复强调了模范工作者的5个条件，号召大家认真实行。这5个条件是：一是克服盲目性，具备自觉性；二是积极负责，有创造性；三是联系群众，努力学习；四是机智勇敢，有警觉性；五是生产节约，朴素整洁。这5条要求，王若飞带头身体力行，他首先就是一个优秀的模范工作者。大家一致认为，王若飞“在敌人面前是有勇有谋的斗士，在同志面前是循循善诱的导师，在朋友面前是忠诚可靠的伙伴”，他“表现了一个革命者伟大而又分明的爱和恨”。

王若飞在离开重庆的前一天晚上，与周恩来在一起再次认真研究商谈了要向中央报告的所有问题。他最后的一句话是：“我们所做的一切，都要为人民打算。”

这是王若飞一生革命实践的总结，也成为他对历史的最后交代。

# 07 长空万里，忠魂永垂天地间

## 英雄陨落

在和平与内战孰胜孰败的紧急关头，中共中央期待着王若飞等人的归来，以共同商讨大计，研定对策，挽救危机。

1946年4月8日上午，中共中央委员王若飞、秦邦宪（即博古），中共中央职工委员会书记邓发，因皖南事变被捕刚刚出狱的新四军军长叶挺，叶挺的夫人李秀文和女儿叶扬眉、儿子阿九，王若飞的舅父黄齐生和他的孙子黄晓庄，八路军参谋李少华及随员魏万吉、赵登俊、高琼一行13人，乘坐美国C-47型运输机离开重庆飞往延安，机组人员是4名美国援华人员，机长是美国飞虎队的飞行员。

根据重庆拍来的电报，下午1时许，毛泽东、朱德、刘少奇、任弼时、彭德怀、林伯渠等来到延安机场候机，准备欢迎王若飞等人归来。毛毛细雨中，远方隐隐约约地传来飞机的轰鸣声，大家欢呼雀跃，翘首以待，但飞机的隆隆声响却又自近而远，渐渐消失。疑惑、焦虑与不安，笼罩着机场上每个人的心。

毛泽东、朱德等怀着沉重的心情回到王家坪，马上安排电询西安、重庆，急问该机是否返航，回复均是该机未曾返航。身在重庆的周恩来同样十分焦急，他默默地等待着、期盼着，一声不响地坐到深夜，希望传来一个好消息。

从9日开始，重庆的美国飞机多次出动侦察，始终没有找到飞机的下落。同日，处于中共晋绥根据地的山西省兴县，当地老乡上山打柴，在黑茶山的山坡上发现了一架烧得残破不堪的飞机和满地面目全非的尸体，还捡到一些文件报纸，当即连夜赶到区政府向领导报告。

10日，区委负责同志带领人员前往出事地点再次搜寻，捡到了博古和黄齐生的印章。他们不敢怠慢，连夜火速报告了中共晋绥分局党委。分局党委立即向党中央作了报告，负责人李井泉、康世恩等亲自赶到现场，组织人力，寻找遇难人员的遗体和遗物，对遗体进行整容矫形，对遗物作了归类整理。

原来，王若飞等人乘坐的飞机，8日午后已飞抵延安上空，但因为大雾弥漫、阴云密布无法着陆，临时决定转回西安降落，不料途中迷失方向，误向晋绥边区飞去。飞到山西兴县海拔两千米的黑茶山上空时，天气情况更加恶劣，阴雨沉沉，黑云滚滚，在灰暗迷茫中飞机不幸触山坠毁，机上人员全部遇难，无一生还。

文胆玉碎，将星殒毁！王若飞时年整整50岁。

1946年4月11日，中共中央悲痛宣布了王若飞等革命烈士遇难的消息，举世震惊，举国悲念。身在重庆的周恩来闻讯后泣不成声，无比痛惜地说："失掉了他，好像失掉了一种力量，失掉了一种鼓励，失掉了一个帮手”。他称颂王若飞是“人民的英雄，群众的领袖，青年的导师，和平民主的旗帜，坚强不屈的革命战士，在他的身上，闪耀着中国共产党人的光辉！”

延安各界闻此噩耗后，万分震惊。边区参议会为此休会1日，并通令全边区悬半旗3日，停止娱乐1月致哀。18日下午，朱德、刘少奇、任弼时等中央领导同志，亲率各解放区及延安各界代表与群众共万余人赴机场接灵柩。在护送王若飞等烈士的遗体途中，千余群众争相抬运灵柩，沿途百姓披黑戴孝祭奠忠魂。

4月13日，中共中央成立治丧委员会，由毛泽东、朱德、刘少奇等26人组成。随后召开隆重的追悼大会。

中共中央为王若飞等烈士题写挽联：“天下正多艰，赖斗争前线，坚持民主，驱除反动，不屈不挠，惊听凶音哀砥柱；党中留永痛，念人民事业，唯将悲苦，化成力量，一心一德，誓争胜利慰英灵。”

毛泽东在悼文中说：“敬爱的战友们，不朽的英雄们，数十年间，你们为人民事业做了轰轰烈烈的工作，今天，你们为人民事业而死，虽死犹荣！全党党员和全国人民将继承你们的遗志，继续奋斗，直到胜利，决不懈怠，决不畏缩！”

董必武赋诗赞颂王若飞：“黔南一士挺英姿，出类拔萃真理追。确信人民救中国，谨遵马列作先师。斗争岂为监牢限，指点能将习俗移。太息黑茶风雨恶，殒身同立五人碑。”

王若飞早在狱中就言明：“司马迁说，死，或重于泰山，或轻于鸿毛。我能为真理、为劳苦大众而死，我会含笑以赴。”王若飞是为人民利益而死的，他用自己的思想和行动，谱写了共产党人全心全意为人民的革命一生，在他的身上，永远闪耀着中国共产党人的光辉。

追悼会后，王若飞等烈士被安葬于延安清凉山下，石碑耸立，松柏苍翠。1947年3月，“四八”烈士墓地即将开放迎春鲜花的时候，国民党胡宗南部队进犯延安，对墓园大加破坏，砸破石碑，推倒木栏，把大片松柏砍伐一空。1948年延安重新回到人民的怀抱，烈士陵园很快得到修复。1957年经党中央批准重建陵园，王若飞等“四八”烈士的陵墓背枕清凉山，面对延河水，与青山同在，和绿水长存。

## 空难疑团

实际上，对于“四八”空难，周恩来一直心有疑虑。1951 年 6 月，他在接见叶正大时说：“关于你爸爸的座机为什么会失事，过去说是飞机遇浓雾撞山失事，今天我可以告诉你，肯定是有人做了手脚。机上的乘客全是我们的人，其中还有我们党的王若飞、秦邦宪、邓发那样重要的负责同志。叶挺将军被国民党关了 5 年，可他一出狱就给党中央写信要重新入党。蒋介石是很生气的，老蒋是什么人，我跟他打交道时间很长，了解他的个性。他为排除异己，利用特务做手脚很容易的。”

当时，苦于没有足够的证据，“四八”空难长期不能真相大白。

当时，兴县参加清理失事飞机现场，直到把烈士遗体护送到延安的公安干部顾逸之，曾给中央写了调查报告。报告说：“第一，飞机确实是在黑茶山上失事的，不是在空中爆炸而坠毁，因为黑茶山侧峰巨石上的撞痕非常清楚明显。飞机是撞山后才爆炸和起火的。第二，从4月8日当天黑茶山地区的天气情况看，那天飞机到黑茶山时，天上云雾很浓，山上下雪，山下下雨，驾驶人员可能是在这种天气中，因能见度太差、看不清山川地貌而撞山失事的。如果飞机再飞高一些，也不会撞到巨石上了。第三，这架飞机是在西安机场降落加油，稍事停留后才起飞到延安的。从西安到延安是一直向北飞行，为什么竟飞到东北方向来了，甚至飞到黄河以东黑茶山来了呢？其中原因我们至今都不清楚，也无法分析……”在原广州军区离休的叶正大将军，凭他对事件全过程的了解和多年对导航系统的研究，作出了如下的分析和判断：“第一，飞机从重庆出发到西安稍事加油后北飞延安，这中间有人登机检查，实际上是以此为名，国民党特务借检查打掩护做了手脚。第二，飞机可以飞6000多米高，却在2000多米的高度撞山，同时，飞机也失去了航向，这显然是特务对高度仪与罗盘进行了破坏，使之失灵，飞行员产生误判……”叶正大将军是叶挺将军的长子，我国著名航空科技领域专家，曾任国务院国防工业办公室副主任、国防科工委科技委员会副主任、解放军原总装备部顾问，中将军衔。他的研判，最终得到了证实。

已经隐居台湾多年的军统特务杜吉堂，在他临死之前，终于说出了真实的情况和来龙去脉。1946年4月，国民党空军调度科科长、军统特务王平虎，接到上级通知，让他派出飞机，运送人员，当他知道乘机的有共产党举足轻重的人物，马上报告军统顶层，遂由军统上层下令，由当时任中美特别合作所特工队队长的杜吉堂，组织暗杀破坏行动。于是，杜吉堂、王平虎安排懂得机修业务的军统特务杨耀武，在C-47运输机的检修过程中，神不知鬼不觉地在飞机的高度表和磁罗盘下面放了磁铁。在气候恶劣的天气情况下，磁铁的作用越来越大，导致飞机不但迷航，高度表也失去指示作用，失事在所难免。

# 若飞永生

1966年开始的“文化大革命”中，“四人帮”是非混淆、黑白颠倒，无中生有地污蔑王若飞是“叛徒”“托派”，他的墓碑也被推倒捣毁。延安市“四八”烈士陵园被查封，贵州安顺王若飞的故居被查抄，好不容易征集到的文物大量散失。同时，《王若飞在狱中》的作者杨植霖、乔明甫也受牵连而被关押审查。和王若飞曾在绥远一起坐过监狱、深受王若飞的教益和鼓舞的杨植霖，“文化大革命”中面对威逼审讯，大讲王若飞在敌人法庭上和监狱里的英雄事迹，坚决拒绝证明王若飞是叛徒，在一次次的批斗面前，他一直高昂着不屈的头颅。负责看管杨植霖的一位解放军班长，在避开耳目后悄悄对他说：“你不要难过，我不相信王若飞是叛徒。”接着，班长从军大衣里掏出一本黄色封面的书，向他晃了一下说：“你看！《王若飞在狱中》。现在他们要求销毁，我偏要保存它，以后还要认真读、仔细读！”那是 1962 年解放军文艺社编辑出版的《连队文艺丛书》中的一本，是为了配合部队的阶级教育和传统教育，提高干部和战士的思想觉悟和文化素养的优秀读物。看到解放军战士对这本书的珍惜和爱护，杨植霖深受感动和鼓舞，他看到了广大人民分辨真伪的能力和不受欺骗的觉悟。

黑云翻滚终有尽，邪恶横行能几时？英雄何惧诽谤，烈士岂容抹黑！1978 年春节，胡耀邦受中央委托，宣布中央给王若飞正式平反。

“四八”烈士陵园作为全国第一批重点烈士纪念建筑物保护单位，又一次扩大重修。陵园背靠青山，松柏环绕；面对延河，庄严肃穆。陵园宏伟壮观，占地 3.6 万平方米，一座汉白玉纪念塔高耸在陵园正中，塔尖上有镰刀斧头图案，金光闪烁，塔身正面嵌着毛泽东手书的“为人民而死，虽死犹荣”的镏金大字。塔座正面雕砌着一个汉白玉花环，塔座右侧勒记“四八烈士遇难碑记”。陵园的最高处是烈士墓台，台分 3 层，王若飞烈士墓居于陵园中轴线顶端，处于核心位置。黄土有幸埋忠

骨，英魂万代永敬仰！

王若飞的故居也得到恢复，修整一新，对外开放。故居位于安顺市若飞大道中段，是纪念和展示王若飞光辉事迹的专题性纪念馆。全部陈列共分8个部分，以若飞精神“一切要为人民打算”为主线，从多角度、多侧面展现王若飞在各个历史时期的经历和参与的重大事件，突出他的历史地位和作用。纪念馆不收门票，免费参观，每天到这里接受教育和瞻仰观看的人群络绎不绝。

胡乔木在《王若飞与“历史决议”》一文中记叙：“在延安召开的一个群众大会上，王若飞讲了话，代表中央发了一个声明。毛主席当时说，如果有千金可赏的话，就应赏给王若飞，一字千金。”毛泽东虽然说的是戏言，但明确表达了对王若飞的赞赏和器重，充分显示了王若飞的见识和才干。

杨尚昆对王若飞作了如下的回忆和评价：“我和若飞第一次见面是1937年在延安，但他的名字我早已熟悉。我和若飞夫人李培之曾是莫斯科的同学。在延安，我和若飞的关系最亲密。我们不仅有工作上的交往，而且家住隔壁，相处和睦。每到休息时，若飞常来找我，大家天南地北地谈论各种热门话题，相互了解甚深。

若飞是我们党早期杰出的无产阶级革命家。在波澜壮阔的新民主主义革命中，他担任过中共中央秘书长、中央军委总参谋长、省委书记等重要职务，出席过党的五大、六大，并在七大上当选为中央委员。他先后参加和领导过党务工作、工人运动、农民运动、党的宣传、组织、统战、少数民族和军事等方面的工作，对中国革命作出过重大贡献。

若飞从青年时代起就投身革命，经历过辛亥革命、讨袁运动、五四运动。他曾先后到日本、法国、苏联留学、访问，在如饥似渴地寻求救国救民的真理中，他选择接受马克思主义，树立了坚定的共产主义信仰。在法国勤工俭学期间，他参加中国少年共产党并担任负责人，积极从事马列主义的宣传。1922 年中国共产党旅欧支部成立后，他转为中共党员，在旅法华工中作了大量工作。在党的创立时期，若飞是起了重要作用的。1931 年，若飞回国工作，在内蒙古不幸被捕。在敌人的监狱中，在生与死的严峻考验面前，他坚贞不屈，表现了共产党人的崇高信念和钢铁意志，保持了高尚的革命情操。1945年，他随同毛泽东参加重庆谈判，尔后又代表中共出席旧政协会议。在这些重大的政治活动中，若飞作为中共代表团的主要成员，他以坚定的立场、灵活的策略、雄辩的口才、出色的文笔，在同国民党和民主党派代表的谈判协商中发挥了重要作用。与此同时，若飞还参与了中共南方局工作，在加强党员思想教育、统一战线工作和推进大后方民主运动等方面，作出了卓越的成绩。民主党派称誉他为‘民主战士的前导’。

若飞知识渊博、勤于思想、勤于写作，笔耕不止。在紧张的工作中，他注意在马列主义理论的指导下，研究中国革命的实际问题，留下了大量的理论著述。他曾参加党中央许多重要文件的起草。如：延安时期的中共中央《关于增强党性的决定》《关于抗日根据地土地政策的决定》等文件。若飞的文章涉及中国革命的各个方面，如工人、农民问题、抗日战争、统一战线、民族团结、保卫边区、新民主主义政治建设、党的建设、土地政策，等等。他的文章文风朴实，言简意赅，没有空话。我们要学习和继承他留下的珍贵的精神财富，借以表达对他的深切的敬意和追思。”

这是对王若飞五十年人生的高度概括和总结，也是对王若飞业绩贡献的科学评价和赞颂。

2009 年，王若飞被中共中央宣传部、组织部确定为 100 位为新中国成立作出突出贡献的英雄模范人物之一。

王若飞——忠魂与天地共长久，丰碑同日月共光辉！

# 后记

在中华民族文明发展史上，志士仁人灿若星河；在中国革命奋斗历程中，英雄先烈层出不穷。他们历尽苦难，前仆后继，高举理想的大旗，奋不顾身地冲锋。他们是民族的脊梁，他们是神州的雄风！

我们必须铭记他们，我们必须学习他们，我们必须坚持他们的理想信念，我们必须继承他们的革命意志。因为，前进征途上，还会有狂风暴雨、惊涛骇浪；改革开放、中华复兴的历程中，仍需要奋斗与牺牲。

阅读王若飞的故事，阅读其他中华先烈人物的故事，领会他们的动人事迹，感受他们的高尚情操，就是为了继承，为了发扬，为了不忘初心，牢记使命，为了坚持信念，砥砺前行！

万马飞腾，排山倒海；大江奔流，滔滔不绝。

人民英雄永垂不朽！革命大业后继有人！

**图书在版编目（CIP）数据**

王若飞 / 张树军主编；黄萍编著 . -- 北京：学习出版社，2020. 9

（中华先烈人物故事汇）

ISBN 978-7-5147-1011-3

Ⅰ . ①王… Ⅱ . ①张… ②黄… Ⅲ . ①王若飞（1896-1946）—传记 Ⅳ . ① K827=6

中国版本图书馆 CIP 数据核字（2020）第 148147 号

# 王若飞

WANG RUOFEI

主编/张树军　副主编/王相坤　编著/黄萍

---

责任编辑：宋　飞　　封面绘画：徐玉华
技术编辑：胡　啸　　内文插图：刘胜军
美术编辑：杨　洪

---

出版发行：学习出版社
北京市东城区崇外大街11号新成文化大厦B座11层（100062）
010-66063020　010-66061634　010-66061646
网　　址：http://www.xuexiph.cn
经　　销：新华书店
印　　刷：北京盛通印刷股份有限公司

---

开　　本：787毫米×1092毫米　1/32
印　　张：4.75
字　　数：67千字
版次印次：2020年9月第1版　2020年9月第1次印刷

---

书　　号：ISBN 978-7-5147-1011-3
定　　价：19.00元

---

如有印装错误请与本社联系调换，电话：010-67081356